啄木鸟生活与法律指引书系

无障碍法律生活 101 问

赵金曦 / 编著

华中科技大学出版社
http://press.hust.edu.cn
中国·武汉

图书在版编目(CIP)数据

无障碍法律生活 101 问 / 赵金曦编著. -- 武汉：华中科技大学出版社，2024. 10. --（啄木鸟生活与法律指引书系）. -- ISBN 978-7-5772-1336-1

Ⅰ．D922.182.305

中国国家版本馆 CIP 数据核字第 2024CM2762 号

无障碍法律生活 101 问　　　　　　　　　　　　　　　　　赵金曦　编著
Wuzhang'ai Falü Shenghuo 101 Wen

策划编辑：郭善珊　田兆麟
责任编辑：张　丛　田兆麟
封面设计：沈仙卫
版式设计：赵慧萍
插　　画：梁芸熙
责任校对：李　弋
责任监印：朱　玢

出版发行：华中科技大学出版社（中国·武汉）　　电话：(027) 81321913
　　　　　武汉市东湖新技术开发区华工科技园　　　邮编：430223
录　　排：华中科技大学出版社美编室
印　　刷：武汉科源印刷设计有限公司
开　　本：710mm×1000mm　1/16
印　　张：7.125　　插页：4
字　　数：155 千字
版　　次：2024 年 10 月第 1 版第 1 次印刷
定　　价：55.00 元

本书若有印装质量问题，请向出版社营销中心调换
全国免费服务热线：400-6679-118　　竭诚为您服务
版权所有　侵权必究

PREFACE

前言

当我们在热闹的街头闲逛、自由地穿梭于不同的建筑物之间，或奔跑起舞、读书观影，感受生命的美好时刻时，我们是否会想到：有些人可能难以同样自如地体验这个世界。行动不便、视力受限、听觉障碍、言语障碍、智力发育迟缓、精神受损，亦或伤病、怀孕、年老、负重——这些真实存在的、或大或小的差异，构成了多元世界的一部分。在面临不便时，个人损伤只是导致问题的一个原因，社会环境中的诸多障碍也导致他们陷入困境。例如，盲道被占用、缺乏手语翻译或字幕、无障碍坡道不符合规范、缺乏无障碍版本的出版物等，均会导致人们在社会生活中面临障碍。在这个多元的社会中，社会障碍和个人损伤共同阻碍了一部分人充分、切实地参与社会。因此，社会有责任创造一个平等开放的环境。

完善无障碍环境建设相关法律法规是对这一社会责任的切实回应。1990年，我国第一部专门保障残疾人权益的法律《中华人民共和国残疾人保障法》（以下简称《残疾人保障法》）出台，其中有关于无障碍的相关规定。《中华人民共和国老年人权益保障法》（以下简称《老年人权益保障法》）于1996年出台。该法规定了保障老年人权益的无障碍相关内容。2008年，我国加入了联合国《残疾人权利公约》。该公约对无障碍有专门规定，我国作为缔约国也在始终积极践行着其规定。2012年，国务院颁布了《无障碍环境建设条例》，标志着我国无障碍环境建设立法工作迈上一个新台阶，该条例奠定了我国无障碍环境建设的基本框架。2021年10月，全国人大常委会批准了保障阅读障碍者平等欣赏作品和接受教育权利的《马拉喀什条约》[①]。该条约旨在为盲人、视力障碍者或其他印刷品阅读障碍者获得已出版作品提供便利。《中华人民共和国无障碍环境建设法》（以下简称《无障碍环境建设法》）于2023年9月1日生效。该法不仅是对《无障碍环境建设条例》规范位阶的提升，在内容上也有所发展和创新：拓宽了保障主体范围，将受益主体扩展到以残疾人、老年人为主的全体社会成员，将无障碍环境建设的重点转移到信息无障碍和社会服务无障碍，并

---

① 《马拉喀什条约》全称为《关于为盲人、视力障碍者或其他印刷品阅读障碍者获得已出版作品提供便利的马拉喀什条约》，于2022年5月5日对中国生效。

推进了无障碍环境建设公益诉讼等保障监督机制创新，关注法律的可操作性，注重无障碍水平和当地经济发展水平相适应。在《无障碍环境建设法》出台后，各省市也相继颁布了相关实施条例和办法。此外，《中华人民共和国妇女权益保障法》（以下简称《妇女权益保障法》）、《中华人民共和国民法典》（以下简称《民法典》）、《中华人民共和国建筑法》（以下简称《建筑法》）等法律法规中的相关规定也为无障碍环境建设提供了法律依据。"无障碍"不仅是一种理想化的社会责任，也是一种切实的设计理念，诸多相关的国家标准和行业标准辅助立法为无障碍环境建设提供了可操作的建设指标。

从广泛的意义上看，无障碍环境是为所有人建设的。在现实需要层面，我国障碍者的规模巨大，对无障碍环境有迫切需求。我国残疾人口数量众多，预估有8400多万，老年人有约2.64亿[1]，此外，有无障碍需求的孕妇、儿童、负重者等更是不计其数，他们在生活中也都离不开无障碍环境；在经济效益层面，无障碍环境不仅能够减少残疾人、老年人等特殊需要群体对他人的依赖，使其能自主地参与社会生活、提高生活质量，也有助于释放他们的经济潜力，使其参与经济生活，创造经济价值，促进经济发展；在社会公平保障层面，社会发展成果应当由全体社会成员共享，但由于自身或外部条件的限制，

---

[1] 《第七次全国人口普查公报》，https://www.gov.cn/guoqing/2021-05/13/content_5606149.htm，2024年1月30日访问。数据显示全国60岁及以上老年人口数量达2.64亿，占总人口的18.7%；其中65岁及以上老年人口数量达1.9亿以上，占总人口的13.5%。

一部分人难以实际共享发展成果。因此，《无障碍环境建设法》并没有为障碍者创设新的权利，而是为每个人提供平等享受社会发展成果的条件，使每个人都能够行使应有的权利，参与社会活动，使用公共设施。

运用、落实无障碍法律法规，才能切实将法定权利转变为现实利益，真正实现平等参与。作为普法性质书籍，本书运用贴近生活的语言，以"问答+案例"的形式解读法律条文，回答生活中常见的与无障碍相关的法律问题，让读者能够在阅读中获取专业知识。作者查阅并参考了相关的法律文本、立法说明、法条解读、专家文集、规范标准、司法案例、政策文件、学术论文、新闻报道，以期提供准确、全面的法律解读。本书主要设有"问答""法律规范""立法信息""案例"四个板块。其中，"问答"板块以一问一答的形式针对性地解读与无障碍相关的法律问题；"法律规范"板块提供了与上述问题相关的法律规定，供读者查阅；"立法信息"板块展示了在立法过程中上述法条的讨论历程，以便读者理解法律的由来；"案例"板块提供了司法案件或新闻资讯，以展现实际生活中无障碍相关法律的实际运用。此外，本书还在一些比较前沿的问题上设置了"讨论"板块，展示了目前存在的对无障碍相关问题的关切和讨论意见，供读者参考。本书第一章解读并介绍了无障碍环境的基本概念，重点解析了无障碍环境建设中涉及的一些原则性、基础性、观念性问题。第二、三、四、五、六、七章分别关注了出行、居住、社会生活、教育、就业、体育娱乐六个领域的无障碍问题。第八章对性别视角下的无障碍进行探讨，重点阐述了无障碍环境建设中的女性权益保障。第九、十章从司法中的无障碍和无障碍环境公益诉讼两个角度分析了无障碍的救济问题。第十一章以国际视角下的无障碍环境建设为主题，考察了国际经验对中国无障碍环境建设的影响，以及《无障碍环境建设法》实施带来的国际意义。

接下来，有必要解释文中使用的一些术语，以消除歧义，为读者提供更清晰的理解视角。书中使用的"障碍者"一词是指"有无障碍需求的人"。由于无障碍环境的受益主体是包括残疾人、老年人在内所有的有无障碍需求的人，为了统一用语以及简明化表达，本书将其统称为"障碍者"。"老年人"是指60周岁以上的公民，该界定的根据是《老年人权益保障法》第二条之规定，"本法所称老年人是指六十周岁以上的公民"。关于"残疾"和"残障"的概念说明，"残疾"是身心障碍和社会环境损伤共同带来的一种结果，现在也有一些人称残疾人为"残障人"或"障碍者"。诸多学者指出，"残疾人"的称谓是基于"医疗模式"得出的，聚焦于残疾是一种"疾病"；而"社会模式"下的"残障人"这一称呼承认特定主体遇到的障碍是其本人以及社会境遇的共同作用形成的。本书认为，无障碍研究发展到今天，"社会模式"已然成为主流，不论"残疾"还是"残障"均为表达的选择，而语义已经趋于一致。由于我国规范文件中仍使用"残疾""残疾人"的称谓——一是在翻译国际文件时仍采纳"残疾"这一术语，如将国际文件 *Convention on the Rights of Persons with Disabilities* 翻译为《残疾人权利公约》；二是法律文件中继续运用"残疾"术语,如《残疾人保障法》是专门的保障残疾人利益的法律,各地方立法也采纳"残疾人"为立法专业术语;三是专门组织依然采用"残疾"术语,如"残疾人联合会"——因此,为避免造成误解,本书统一采取"残疾""残疾人"的表述。

本书是对"差异世界中如何实现平等"这一问题的探讨,在面对人与人之间的差异时,我们应当彼此尊重、容纳差异,实现多元和谐的局面。依法构建无障碍环境是真正达到平等参与理想的可行路径,目前法律作为我们有秩序、有尊严地共同、平等生活的底线和依靠,已经迈出了无障碍环境建设和无障碍权利保护的关键一步,我们更加有必要做到知法、懂法、用法、守法,甚至还可以为法律的进一步发展提出建议、作出贡献。阅读本书,正是了解无障碍法律知识的第一步。

最后,感谢对本书写作曾有帮助的人们。在写作过程中,我的导师张万洪教授给了我很多的指导、关心和帮助。他对正义、平等的关注感染着我,这也是本书得以面世的强大动力,老师对我的关爱和鼓励始终激励我前行。感谢武汉大学人权研究院团队的各位同门,大家的善意和智慧为我提供了写作的激情和灵感。还要感谢西南政法大学的余庆博士,他和我的研究方向不同,但以第一听者的身份听我讲了写作中的很多想法并予以反馈,以便我优化写作、明晰表达。参加武汉东湖公益服务中心的活动,使我在无障碍领域积累了很多素材,感谢丁鹏师兄、刘逸君师姐对活动的辛苦筹划以及各位与会人员的分享。最后,感谢华中科技大学出版社,他们的专业帮助使我的写作、出版过程很顺利也很开心。

本书写作过程中,我时常深感惶恐,担心有疏漏之处误导他人。我深知本书可能存在不足,力有未逮之处,希望读者批评、指正。

赵金曦
2024 年 1 月 30 日

目录

第一章　无障碍环境的基本概念 /001
1. 什么是无障碍环境？ /003
2. 有哪些常见的无障碍标识？ /004
3. 无障碍环境建设只与残疾人、老年人有关吗？ /007
4. 建设无障碍环境是否会花费很多？ /010
5. 谁承担无障碍环境建设的支出？ /011
6. 哪些主体具体负责建设无障碍环境？ /012
7. 《无障碍环境建设法》中存在的倡导性法律规范如何发挥作用？ /013

8. 无障碍环境建设标准是什么? /014

9. 什么是临时替代性措施? /017

10. 无障碍设施存在的无人维护、闲置、不好用、
被占用等问题,由谁负责解决? /019

11. 如何判断无障碍设施是否符合标准? /021

12. 农村如何开展无障碍环境建设? /023

13. 作为普通公众通过哪些渠道提出无障碍环境
建设建议? /024

第二章　出行领域的无障碍 /025

14. 什么是无障碍出租车? /027

15. 怎样预约无障碍出租车? /027

16. 公共交通公司对残疾人有哪些安全
保障义务? /028

17. 残疾人乘坐公共交通工具有何优惠? /033

18. 残疾人可以考取驾照吗? /036

19. 残疾人驾驶汽车要遵守哪些额外的规定? /039

20. 什么是无障碍停车位? /040

21. 不设置无障碍停车位应当承担什么责任? /043

22. 无障碍停车位的使用规则是什么? /044

23. 盲道被占用,应当如何维权? /046

24. 人行天桥和人行地下通道,残疾人、老年人等
使用不方便,怎么办? /052

25. 什么是过街音响提示装置? /054

26. 哪些地方应当安装过街音响提示装置？ /055
27. 携带大件行李乘坐扶梯，行李滑落砸伤他人应当承担什么责任？ /057

第三章　居住领域的无障碍 /059

28. 国家对于老旧小区加装电梯的相关政策是什么？ /061
29. 想要在本小区加装电梯，应该满足什么条件？ /063
30. 因加装电梯产生争议，应当如何解决？ /064
31. 什么是建筑物的共有部分和专有部分？ /068
32. 小区加装电梯的费用如何分摊？ /069
33. 加装电梯后可以反悔吗？ /071
34. 什么是家庭无障碍改造？ /072
35. 哪些单位应当支持、配合家庭无障碍改造？ /073
36. 残联的家庭无障碍改造流程是什么？ /074
37. 家庭无障碍自行改造是否可以申请补贴？ /074

第四章　社会生活领域的无障碍 /077

38. 什么是服务犬？ /079
39. 服务犬可以进入公共场所吗？ /080
40. 作为普通公众，遇到服务犬应该怎么做？ /082
41. 什么是低位服务设施？ /082
42. 什么是无障碍卫生间、第三卫生间？ /083

43. 哪些场合应当设置无障碍卫生间？ /085
44. 关于药品说明书有哪些无障碍相关规定？ /086
45. 临时占用无障碍设施，应该采取什么措施？ /090
46. 政府应当为残疾人获取公共信息提供哪些
   便利？ /091
47. 有哪些针对快递服务无障碍的相关规定？ /092
48. 应急避难中有哪些无障碍相关规定？ /093
49. 残疾人是否享有选举权和被选举权？ /098
50. 如何为不适应智能化设施的群体提供服务？ /099
51. 辅具生产者要承担哪些产品责任？ /103

第五章　教育领域的无障碍 /107

52. 残疾人可以在普通学校就读吗？ /109
53. 残疾人参加普通高考有哪些合理便利？ /113
54. 残疾人如何申请参加普通高考的合理便利？ /115
55. 残疾人参加英语水平考试可以申请哪些合理
   便利？ /116
56. 残疾人参与普通话水平测试的合理便利规定
   有哪些？ /117
57. 相关责任人员拒不提供考试中的无障碍需要
   承担什么法律责任？ /117
58. 无障碍环境建设相关领域的人才培养机制
   是什么？ /118

第六章　就业领域的无障碍　/121

59. 残疾人在就业中面临哪些困难？　/123
60. 残疾人遭遇就业歧视应该怎么处理？　/123
61. 什么是残疾人按比例就业制度？　/127
62. 雇主是否有义务提供合理便利？　/128
63. 残疾人可以考公务员吗？　/129

第七章　体育、娱乐领域的无障碍环境建设　/131

64. 电视台在播报过程中如何履行无障碍义务？　/133
65. 什么是易读版本？　/134
66. 什么是无障碍版本的电影？　/135
67. 提供无障碍版本的电影是否构成侵权？　/135
68. 体育领域的无障碍环境建设存在哪些问题？　/137
69. 公共文化服务场所有义务提供哪些无障碍设施？　/137
70. 国家如何保障残疾人、老年人的上网便利/权利？　/140
71. 旅游场景中有哪些无障碍相关要求？　/142
72. 餐馆有无障碍的义务吗？　/146

第八章　性别视角下的无障碍　/149

73. 什么是母婴室？　/151
74. 残疾女性在就医中面临哪些障碍？　/153

75. 孕妇可能涉及哪些无障碍问题? /154

76. 残疾女性在月经方面面临哪些特殊障碍? /154

第九章　司法中的无障碍　　　　　　　　　　/157

77. 诉讼服务大厅有哪些无障碍环境建设的要求? /159

78. 什么是法律援助? /161

79. 申请法律援助要满足哪些条件? /162

80. 指派法律援助的条件是什么? /164

81. 由谁提出法律援助申请? /165

82. 如何提出法律援助申请? /166

83. 关于残疾人缴纳诉讼费用有什么特殊规定? /167

84. 障碍者如何参与在线诉讼? /169

85. 听力、语言障碍者参与法律程序,是否应当聘请手语翻译? /169

86. 关于残疾人从轻、减轻处罚有哪些规定? /172

87. 什么是强制医疗? /174

88. 启动强制医疗程序的条件是什么? /175

89. 解除强制医疗程序的条件是什么? /177

90. 精神病人一定是无民事能力或者限制民事行为能力人吗? /179

91. 心智障碍者的陈述、证言和供述可以采信吗?/182

第十章　无障碍环境公益诉讼　　/185

92. 什么是无障碍环境公益诉讼？　　/187
93. 无障碍环境公益诉讼的适格"原告"是谁？　　/187
94. 在什么情况下可能引起无障碍环境公益诉讼？/188
95. 普通人如何参与或者推动无障碍环境公益
    诉讼？　　/190
96. 无障碍环境公益诉讼的目的和法律依据是
    什么？　　/191
97. 什么是无障碍环境公益诉讼中的检察建议？　　/191

第十一章　国际视野下的无障碍环境建设　　/195

98. 《残疾人权利公约》对无障碍有哪些规定？　　/197
99. 国际上关于无障碍环境建设有哪些有益
    经验？　　/199
100. 残疾人权利委员会对中国提交的履约报告
     中关于无障碍部分有哪些重要的建议？　　/200
101. 《无障碍环境建设法》颁布的国际意义是
     什么？　　/202

参考文献　　/203

第一章

无障碍环境的基本概念

1. 什么是无障碍环境？

每个人都曾是、正是，或将是障碍者。在日常生活中，我们经常会碰到各种麻烦事，例如一个人提着很重的行李箱上楼梯时很不方便，需要乘坐电梯；又如有人眼睛近视，看不清道路或障碍物，需要佩戴眼镜；再如一些人去了陌生的地方，听不懂当地语言，需要有人翻译。同时，轮椅使用者在没有坡道的地方很难到达目的地，盲人在过马路时看不到红绿灯，听力障碍者听不到语音提示，老年人可能行动不便，孕妇可能无法久站，等等，这一切都可以称之为"障碍"。这些障碍是个人特点和外在环境相互作用的结果，而"无障碍环境"致力于解决这些问题，构建一个方便所有人的社会环境。

《无障碍环境建设法》将无障碍环境分为三个部分，即无障碍设施、无障碍信息交流和无障碍社会服务。其中，无障碍设施建设的目的是使物理空间更加适合所有人生活，如修建盲道、直梯，建设无障碍校园等；无障碍信息交流的目的是让每个人都能便利地获取公共信息，实现信息交流的需要，例如推广和使用国家通用手语、国家通用盲文，提供大字版本、语音版本的信息载体等；无障碍社会服务的目的是让公共服务对每个人而言都更容易获取，例如政府服务窗口提供低位服务台，以方便轮椅使用者办理业务，或是司法部门为障碍者提供盲文版本的诉讼文书、在诉讼中提供手语翻译等。

● 法律规定

《无障碍环境建设法》第二条第一款规定:"国家采取措施推进无障碍环境建设,为残疾人、老年人自主安全地通行道路、出入建筑物以及使用其附属设施、搭乘公共交通运输工具,获取、使用和交流信息,获得社会服务等提供便利。"

2. 有哪些常见的无障碍标识?

无障碍标识意味着所指设施是无障碍的,能够供障碍者优先使用。以下是来源于国家市场监督管理总局、中国国家标准化管理委员会《公共信息图形符号 第9部分:无障碍设施符号》(GB/T 10001.9—2021)的一些常见无障碍标志图片。

(1)无障碍设施标识(见图1-1)。既表示广泛意义上的无障碍设施,供残疾人、老年人、伤病人及其他有特殊需求的人群使用的设施,也表示供轮椅使用者使用的设施。

图1-1 无障碍设施标识

（2）无障碍坡道标识（见图1-2）。表示供残疾人、老年人、伤病人等行动不便者使用的坡道。

图1-2 无障碍坡道标识

（3）无障碍电梯标识（见图1-3）。表示供残疾人、老年人、伤病人等行动不便者乘坐的电梯。

图1-3 无障碍电梯标识

（4）无障碍卫生间标识（见图1-4）。表示供残疾人、老年人、伤病人等行动不便者使用的卫生间。

图1-4 无障碍卫生间标识

● **法律规定**

《无障碍环境建设法》第十二条第三款规定:"无障碍设施应当设置符合标准的无障碍标识,并纳入周边环境或者建筑物内部的引导标识系统。"

《无障碍环境建设法》第二十六条规定:"无障碍设施所有权人或者管理人应当对无障碍设施履行以下维护和管理责任,保障无障碍设施功能正常和使用安全:(一)对损坏的无障碍设施和标识进行维修或者替换;(二)对需改造的无障碍设施进行改造;(三)纠正占用无障碍设施的行为;(四)进行其他必要的维护和保养。所有权人、管理人和使用人之间有约定的,由约定的责任人负责维护和管理。"

【案例 1-1】

检察院督促整治无障碍指引标识行政公益诉讼[①]

2020 年 3 月,浙江省××市××区有 2 个大中型公共设施和 5 个大型商场内存在无障碍环境设施引导标识缺少、功能欠缺等不规范问题,严重影响无障碍设施正常使用。同时,因无障碍环境设施引导标识不清、出行不便等,残疾人很少

---

① 参见中华人民共和国最高人民检察院:《最高检发布无障碍环境建设公益诉讼典型案例》,https://www.spp.gov.cn/xwfbh/wsfbh/202105/t20210514_518136.shtml,2024 年 8 月 23 日访问。

外出购物休闲，无障碍设施实际使用率低。××区检察院认为，区商务局、区综合行政执法局对案涉无障碍标识负有监管职责，因其未依法履职，导致公共利益受损。同年7月，××区检察院召开公开听证会，各方代表达成由相关职能部门依照法定标准设立无障碍标识体系、确保公共场所无障碍标识设置全覆盖、残联参与对无障碍标识的实用性进行评价等共识。会后，××区检察院制发诉前检察建议，督促区商务局、区综合行政执法局对涉案企业依法治理，并在全区开展无障碍设施专项治理活动。两单位收到检察建议后，指导相关企业提升无障碍设施运维水平，对不规范引导标识进行改造，同时推动全区830块无障碍设施引导标识专项治理。截至2020年9月底，全区主要道路、公共建筑物附近无障碍引导标识已完成全覆盖。

3. 无障碍环境建设只与残疾人、老年人有关吗？

残疾人、老年人是无障碍环境建设中重点关注的对象，但实际上，全体社会成员都会受益于无障碍环境建设。第一，一个人在某些情境下可能成为障碍者，例如怀孕的妇女、带婴幼儿出门的家长、负重者等，均可直接受益于母婴室、家庭卫生间、无障碍直梯等设施。第二，普通人也可以享受无障碍环境带来的便利，例如，在火灾或地震等紧急情况发生时，无障碍通道可以更迅速地疏散人群；在地铁站、高铁站等公共场合，无障碍直梯也供普通人使用。第三，文明的社会氛围将使每个人都受益，从社会平等角度来看，建设无障碍环境有助于消除社会不平等，构建一个更加有温度、更加包容的社会，这对于整个社会的健康发展和经济繁荣都是有益的。因此，每个人都是无障碍环境的潜在需求者和直接受益者。

● 法律规定

《无障碍环境建设法》第一条规定："为了加强无障碍环境建设，保障残疾人、老年人平等、充分、便捷地参与和融入社会生活，促进社会全体人员共享经济社会发展成果，弘扬社会主义核心价值观，根据宪法和有关法律，制定本法。"

《无障碍环境建设法》第二条第二款规定："残疾人、老年人之外的其他人有无障碍需求的，可以享受无障碍环境便利。"

《无障碍环境建设法》第二十二条第一款规定："国家支持城镇老旧小区既有多层住宅加装电梯或者其他无障碍设施，为残疾人、老年人提供便利。"[①]

[①] 2020年，国务院印发《关于全面推进城镇老旧小区改造工作的指导意见》，提出"2020年新开工改造城镇老旧小区3.9万个，涉及居民近700万户；到2022年，基本形成城镇老旧小区改造制度框架、政策体系和工作机制；到"十四五"期末，结合各地实际，力争基本完成2000年底前建成的需改造城镇老旧小区改造任务。"加装电梯的举措在为老年人、婴幼儿、残疾人提供便利的同时，也显著提升了小区的居住舒适度，提高了其他居民的生活质量。

《深圳经济特区无障碍城市建设条例》第二条规定:"本条例所称无障碍城市建设,是指按照通用设计理念,制定制度规则,规划、设计、改造和管理城市,为残疾人和老年人、伤病患者、孕妇、儿童以及其他有需要者(以下统称有需要者)出行、交流信息、享受服务和居家生活提供便利。"

《张家口市无障碍设施建设管理条例》第二条规定:"本市行政区域内的无障碍设施建设管理,适用本条例。本条例所称无障碍设施是指保障残疾人、老年人、孕妇、儿童等社会成员通行安全和使用便利,在建设工程中配套建设的服务设施。"

● 立法信息

在《无障碍环境建设法(草案)》中,重点突出了所有人都是无障碍环境的受益主体,并且创设了"有无障碍需求的社会成员"的概念,指"因残疾、年老、年幼、生育、疾病、意外伤害、负重等原因,致使身体功能永久或者短暂地丧失或者缺乏,面临行动、感知或者表达障碍的人员及其同行的陪护人员。"这意味着,所有人都是无障碍环境的需求者和受益者。在草案三审过程中,有关专委会组成人员、基层立法联系点和社会公众提出,无障碍环境建设应当突出基本定位,重点保障残疾人、老年人,同时惠及其他人。宪法和法律委员会经研究,建议修改有关规定,明确本法的立法目的:"为了加强无障碍环境建设,保障残疾人、老年人等平等、充分、便捷地参与和融入社会生活,弘扬社会主义核心价值观,促进社会全体人员共享经济社会发展成果,根据宪法,制定本法。"同时明确规定:"残疾人、老年人之外的其他人有无障碍需求的,可以享受无障碍环境提供的便利。"①

4. 建设无障碍环境是否会花费很多?

一直以来,都有声音认为无障碍环境建设的成本很高,实则不然。首先,无障碍环境建设的初衷是尽可能地减少日常生活环境中的不便之处。在设计之初考虑无障碍因素,适当调整设计方案、发挥创意,有效利用现有资源,就可以节约成本。其次,从经济衡量的角度来看,除了考虑成本之外,也要考虑建设无障碍环境的收益和不建设无障碍环境的损失。上述问题2已证明无障碍环境是全民受益的工程,而不建设无障碍环境,将要付出社会正义代价和人力资源浪费的经济代价。最后,现行的《无障碍环境建设法》也考虑到了财政的承受能力,要求无障碍环境建设应当与经济社会发展水平相适应,在具体条文中多处规定"逐步"完成改造,坚持适度前瞻、立足现实。总的来说,无障碍环境建设的确要支出一些社会成本,

---

① 《全国人民代表大会宪法和法律委员会关于〈中华人民共和国无障碍环境建设法(草案)〉修改情况的汇报》,载中国人大网,http://www.npc.gov.cn/c2/c30834/202306/t20230628_430332.html,2024年8月14日访问。

但这些经济成本并不一定会很高，反而这些支出可能会在未来得到更多的回报。

● **法律规定**

《无障碍环境建设法》第五条规定："无障碍环境建设应当与经济社会发展水平相适应，统筹城镇和农村发展，逐步缩小城乡无障碍环境建设的差距。"

5. 谁承担无障碍环境建设的支出？

法律规定无障碍环境建设由政府财政支出，同时也鼓励市场主体的积极参与。在无障碍环境建设中，政府发挥主导作用，须制定相关的法律法规，明确无障碍环境建设的标准和要求，负责监督和检查无障碍设施的建设和维护情况，并提供必要的财政支持和技术指导，促进无障碍环境的建设。同时，无障碍环境建设也重视发挥市场在资源配置中的作用，通过财政补贴、经费支持、政府采购等方式，充分调动市场主体的积极性，促进相关产业发展，鼓励全社会积极参与，实现无障碍环境共建共享。①

---

① 何毅亭（全国人大社会建设委员会主任委员）：《关于〈中华人民共和国无障碍环境建设法（草案）〉的说明》，2022年10月27日在第十三届全国人民代表大会常务委员会第三十七次会议上的汇报，载中国人大网，http://www.npc.gov.cn/c2/c30834/202306/t20230629_430363.html，2024年8月14日访问。

● **法律规定**

《无障碍环境建设法》第三条规定:"无障碍环境建设应当坚持中国共产党的领导,发挥政府主导作用,调动市场主体积极性,引导社会组织和公众广泛参与,推动全社会共建共治共享。"

《无障碍环境建设法》第六条规定:"县级以上人民政府应当将无障碍环境建设纳入国民经济和社会发展规划,将所需经费纳入本级预算,建立稳定的经费保障机制。"

6. 哪些主体具体负责建设无障碍环境?

在具体情境中,所产生的问题由对应的主管部门负责解决。主管部门简单来说就是公共场合管理者、公共服务提供者。公共场所的管理者,包括医院、图书馆、博物馆、科技馆的管理者等。公共服务的提供者,包括政府办公室、交通管理局、消防队、人社局、教育局、司法局、卫健委等。此外,当事人在遇到问题时还可向当地残联、老龄协会、检察院反映,由残联或老龄协会出面沟通协调,或由检察院发出检察建议、提起公益诉讼。

● 法律规定

《无障碍环境建设法》第八条规定:"残疾人联合会、老龄协会等组织依照法律、法规以及各自章程,协助各级人民政府及其有关部门做好无障碍环境建设工作。"

《无障碍环境建设法》第十四条规定:"工程建设单位应当将无障碍设施建设经费纳入工程建设项目概预算。工程建设单位不得明示或者暗示设计、施工单位违反无障碍设施工程建设标准;不得擅自将未经验收或者验收不合格的无障碍设施交付使用。"

7.《无障碍环境建设法》中存在的倡导性法律规范如何发挥作用?

在《无障碍环境建设法》中,存在着很多这样的法律规范,它们并非强制性的,没有规定法律责任,在法条中没有用"应当""必须"等字眼,而使用了"鼓励""支持"等词汇。例如该法第三十一条规定,"国家鼓励公开出版发行的图书、报刊配备有声、大字、盲文、电子等无障碍格式版本,方便残疾人、老年人阅读。国家鼓励教材编写、出版单位根据不同教育阶段实际,编写、出版盲文版、低视力版教学用书,满足盲人和其他有视力障碍的学生的学习需求。"其中对于出版单位的要求是"鼓励"配备无障碍格式版本,而并未要求"必须"

或者"应当"配备,也就是说,并不必然要求出版单位配备无障碍格式版本。这些法律规范就是倡导性法律规范。

《无障碍环境建设法》采取倡导性法律规范,主要有两种情况。一种是为市场主体设置。由于目前市场主体大多并非无障碍环境建设的义务主体,国家采取鼓励、支持的方式,激发市场主体的积极性,推动共建共享。例如,利用财政资金设立的电视台,法律规定"应当"配备字幕,而对于其他的电视台,则是"鼓励"配备字幕。另一种是超出了强制性要求的范畴,运用倡导性法律规范为相关主体提供法律指引。这意味着强制性要求只是最低的要求,在强制性要求之外,相关主体若想进一步提升标准,则可按照此项规范行动。例如,《无障碍环境建设法》第十三条规定:"国家鼓励工程建设、设计、施工等单位采用先进的理念和技术,建设人性化、系统化、智能化并与周边环境相协调的无障碍设施。"目前社会条件不够成熟,不能直接以强制性规范规定全部义务。过高的、无法达到的目标反而会损害法律的权威。倡导性法律规范是一种更具适应性的选择,代表一种价值取向,同时,它能提供比较具体的行为指引,鼓励义务主体进一步朝着更高的目标改进,这也体现了适度前瞻的立法理念。

 8. 无障碍环境建设标准是什么?

相关主体应该按照怎样的标准去建设无障碍环境?该标准

不仅是实施者所依赖的规范,也是评估时所参考的规范。无障碍设施不符合标准带来的危害不仅仅是设施被闲置、资源浪费,更有可能导致使用者的人身伤害或财产损失。根据《无障碍环境建设法》第五十一条,我国构建的无障碍环境建设标准体系,包括国家标准、地方标准和行业标准,这些标准规定了无障碍环境建设的通用技术要求。这些标准既有强制性标准,也有推荐性标准。[①] 其中,强制性标准是必须遵守的最低标准,而推荐性标准是鼓励遵守的标准。例如,在无障碍设施建设领域,2022年实施的《建筑与市政工程无障碍通用规范》是一项国家层面的强制性工程建设规范,在建筑领域必须遵守;2022年实施的《建筑门窗无障碍技术要求》,则是一项推荐性国家标准;在信息领域,有《包装 无障碍设计 一般要求》《包装 无障碍设计 易于开启》《包装 无障碍设计 信息和标识》等无障碍标准,是推荐性的国家标准;在社会服务领域,例如《银行营业网点无障碍环境建设规范》,也是推荐性的国家标准。在建设过程中,要求无障碍设施与主体工程同步规划、同步设计、同步施工、同步验收、同步交付使用,并与周边的无障碍设施有效衔接、实现贯通。也就是说,无障碍环境建设是一个系统性工程,应当纳入工程建设全过程。

---

① 相关标准可以到全国标准信息公共服务平台查询,网址:https://std.samr.gov.cn/。

● **法律规定**

《无障碍环境建设法》第五十一条规定:"国家推广通用设计理念,建立健全国家标准、行业标准、地方标准,鼓励发展具有引领性的团体标准、企业标准,加强标准之间的衔接配合,构建无障碍环境建设标准体系。地方结合本地实际制定的地方标准不得低于国家标准的相关技术要求。"

《无障碍环境建设法》第十二条规定:"新建、改建、扩建的居住建筑、居住区、公共建筑、公共场所、交通运输设施、城乡道路等,应当符合无障碍设施工程建设标准。无障碍设施应当与主体工程同步规划、同步设计、同步施工、同步验收、同步交付使用,并与周边的无障碍设施有效衔接、实现贯通。无障碍设施应当设置符合标准的无障碍标识,并纳入周边环境或者建筑物内部的引导标识系统。"

【案例 1-2】

无障碍坡道不符合建设标准导致轮椅使用者死亡

2021年某日,轮椅使用者陈某某独自前往地铁站,在无障碍坡道上坡处翻倒,摔到头部,感到头痛、恶心、意识不清,并呕吐数小时。几小时后,陈某某被家人送到附近医院抢救无效死亡。据悉,导致陈某某摔倒的坡道坡度很陡,坡度比例几乎达到了1∶6,且路面不平整,不符合无障碍坡道的建设规范。据当地无障碍环境促进会调查,区交通运输局证实,该道路建设项目并未移交设计单位、建设单位、施工单位相关资料以及项目竣工验收材料,也未经残联组织、残疾人代表进行试用评测。在本案中,无障碍坡道不符合建设标准,导致了陈某某死亡,由此可以看出,无障碍设施不符合标准带来的危害不仅仅是设施闲置、资源浪费,而且可能导致使用者的人身伤害或财产损失。

9. 什么是临时替代性措施?

在考试时,如果没有盲文试卷,为盲人考生提供志愿者读题的便利;在服务场所的无障碍坡道被占用时,服务人员到门口提供服务,或者由工作人员将轮椅使用者抬到服务大厅;在开会时,盲人看不到PPT,由工作人员为其提供口述影像翻译等等。这些均属于提供临时替代性措施。

在两种情况下,需要采取替代性措施以满足障碍者需求。一种是由于现实发展水平限制,暂时没有条件设置无障碍设施,有待未来建设,以逐步达到无障碍标准。第二种是无障碍设施被临时占用,导致障碍者的需求无法被满足。在这两种情况下,就需要考虑怎样才能更好地满足障碍者的需求,达到实质上的平等。什么是临时替代性措施?简单地说,就是采取一些适当的调整措施,使障碍者能够克服障碍。临时替代性措施并不拘泥于特定的形式,包括但不限于对物理环境做出改良,提供必要的设施、设备、服务，更换岗位，以及提供特殊的排班方案等。

本书认为，临时替代性措施类似于国际上的"合理便利"这一概念，只不过这两个概念仍有区别。我国的《无障碍环境建设法》中并未明确指出，若已有符合标准的无障碍设施，但因障碍者个人条件特殊，依然无法有效消除障碍时应当怎样处理。合理便利义务要求在这种情况下为障碍者提供合理的、个别化的调整，以达到实质平等。残疾人权利委员会在 2014 年发布的《关于无障碍的第 2 号一般性意见》中指出："无障碍化与群体有关，而合理便利则与个人有关。……实行无障碍的义务是无条件的，即有义务提供无障碍的实体不得以向残疾人提供无障碍的负担太重为由而不这样做。相反，只有实行无障碍对该实体不带来太重的负担时，提供合理便利的职责才存在。提供无障碍的责任是一项事前责任。提供合理便利的责任是一种事后责任。合理便利争取实现个人的正义，以确保不歧视或平等，同时考虑个人的尊严、自主和选择。因此，负有不常见障碍的人可以要求提供无障碍标准范围以外的便利。"在《残疾人权利公约》中，不提供合理便利也是一种歧视。尽管《无障碍环境建设法》中没有明确使用"合理便利"这一概念，但使用了相似的"替代性措施"。此外，在一些地方性法规中，明确使用了"合理便利"概念，将其适用于全省范围，例如《湖北省无障碍环境建设管理办法》就明确使用了"合理便利"。

● 法律规定

《无障碍环境建设法》第二十五条第二款规定:"既有公共交通运输工具具备改造条件的,应当进行无障碍改造,逐步符合无障碍标准的要求;不具备改造条件的,公共交通运输工具的运营单位应当采取必要的替代性措施。"

《无障碍环境建设法》第二十八条规定:"任何单位和个人不得擅自改变无障碍设施的用途或者非法占用、损坏无障碍设施。因特殊情况临时占用无障碍设施的,应当公告并设置护栏、警示标志或者信号设施,同时采取必要的替代性措施。临时占用期满,应当及时恢复原状。"

《无障碍环境建设法》第十八条第三款规定:"不具备无障碍设施改造条件的,责任人应当采取必要的替代性措施。"

《湖北省无障碍环境建设管理办法》第十一条第二款规定:"无障碍设施尚未建成或者无法满足行动不便者实际需要时,前款所列公共服务机构、公共场所应当依法提供合理便利。"

10. 无障碍设施存在的无人维护、闲置、不好用、被占用等问题,由谁负责解决?

无障碍设施在建设完成之后,还存在"售后"问题,即还需要维护管理,否则可能存在设施闲置或被占用的情况。

在这些情况下，需要明确对无障碍设施进行维护、改造、提供临时替代性措施的责任主体。无障碍设施的所有权人、管理人负责无障碍设施的改造、维修。县级以上人民政府承担着对辖区内公共区域内无障碍设施进行改造、维护的责任。无障碍设施闲置的原因有很多，可能是因为设施本身不好用，也可能是因为社会环境存在歧视，而导致障碍者不愿使用。针对前一原因，需要对无障碍设施进行改造，针对后一原因，可以为障碍者提供替代措施、合理便利，同时也需要广泛传播无障碍观念。

● 法律规定

《无障碍环境建设法》第十八条规定："对既有的不符合无障碍设施工程建设标准的居住建筑、居住区、公共建筑、公共场所、交通运输设施、城乡道路等，县级以上人民政府应当根据实际情况，制定有针对性的无障碍设施改造计划并组织实施。无障碍设施改造由所有权人或者管理人负责。所有权人、管理人和使用人之间约定改造责任的，由约定的责任人负责。不具备无障碍设施改造条件的，责任人应当采取必要的替代性措施。"

《无障碍环境建设法》第二十六条规定："无障碍设施所有权人或者管理人应当对无障碍设施履行以下维护和管理责任，保障无障碍设施功能正常和使用安全：（一）对损坏的无障碍设施和标识进行维修或者替换；（二）对需改造的无障碍设施进行改造；（三）纠正占用无障碍设施的行为；（四）进行其他必要的维护和保养。所有权人、管理人和使用人之间有约定的，由约定的责任人负责维护和管理。"

【案例 1-3】

电动升降设备闲置

××社区卫生服务站位于某商铺二楼，没有电梯，平时来看病的老年人居多，也有一些残疾人士。由于没有能够使用的无障碍设施，患者上楼十分困难。经过多方努力，此地安装了电动升降设备，但使用两个月后，升降设备出现故障，因此一直闲置。民众咨询了街道办事处和残联工作人员，均表示电梯维修保养由该服务站所属的社区卫生服务中心负责。经街道多次协调，社区卫生服务中心采取了临时替代性措施：张贴服务电话，安排专人协助行动不便人员上楼就医。在本案例中，无障碍设施的管理单位是社区卫生服务中心，应当由其维修出现故障而闲置的电动升降设备，并在故障期间提供替代性措施。

11. 如何判断无障碍设施是否符合标准？

无障碍设施的评估有两种制度，即认证制度和评测制度，详细的规定有待进一步完善。在问责上，例如《无障碍环境建设法》第十六条规定了对不符合无障碍要求的工程不予办理竣工验收备案手续，但并未规定如果不符合验收条件，却依然验收了，哪些主体需要承担什么样的法律责任，这一情况需要衔接其他的法律进行追责。

● 法律规定

《无障碍环境建设法》第十六条规定："工程施工、监理单位应当按照施工图设计文件以及相关标准进行无障碍设施施工和监理。住房和城乡建设等主管部门对未按照法律、法规和无障碍设施工程建设标准开展无障碍设施验收或者验收不合格的，不予办理竣工验收备案手续。"

《无障碍环境建设法》第五十三条规定："国家建立健全无障碍设计、设施、产品、服务的认证和无障碍信息的评测制度，并推动结果采信应用。"

《无障碍环境建设法》第六十条规定："县级以上地方人民政府有关主管部门定期委托第三方机构开展无障碍环境建设评估，并将评估结果向社会公布，接受社会监督。"

● 立法信息

《无障碍环境建设法（草案）》一审稿第五十四条规定"应当至少每五年委托第三方机构开展一次无障碍环境建设评估"。在草案审议过程中，有的全国人大常委会委员提出，一刀切地要求地方各级人民政府有关主管部门每五年开展一次评估，不符合实际情况，可能导致行政资源的浪费。全国人大宪法和法律委员会经研究，采纳了这一意见，将"每五年"修改为"定期"。各地可以根据本地区实际情况，合理确定评估周期。①

12. 农村如何开展无障碍环境建设？

《无障碍环境建设法》基于城乡一体化发展，不再对城市和农村的无障碍设施建设分别表述，而是要求统筹城乡发展、缩小城乡发展差距。理论上，对农村无障碍环境建设应当是积极且重视的，因为这有助于提高农村居民的生活质量，促进包容性发展。然而在实际情况中，农村无障碍环境建设可能受到一系列限制或挑战，导致建设发展迟缓。《住房城乡建设部等部门关于加强村镇无障碍环境建设的指导意见》（建标〔2015〕25号）提出要"从实际出发，循序渐进，通过长期努力，逐步改善村镇无障碍环境。"从当前实际情况来看，农村的无障碍环境建设起步较晚，同时，关于农村的残疾人工作重心目前集中在困难、重度残疾人家庭，比较注重家庭无障碍环境建设，而系统的、整体的农村无障碍环境建设还未取得进一步的发展。

---

① 参见张勇、程凯：《中华人民共和国无障碍环境建设法释义》，中国法制出版社2023年版，第177-178页。

● 法律规定

《无障碍环境建设法》第五条规定:"无障碍环境建设应当与经济社会发展水平相适应,统筹城镇和农村发展,逐步缩小城乡无障碍环境建设的差距。"

13. 作为普通公众通过哪些渠道提出无障碍环境建设建议?

根据《无障碍环境建设法》第六十二条的规定,任何组织和个人均有权向政府有关主管部门提出加强和改进无障碍环境建设的意见和建议,对违反本法规定的行为进行投诉、举报。县级以上人民政府有关主管部门接到涉及无障碍环境建设的投诉和举报,应当及时处理并予以答复。

第二章

·

出行领域的无障碍

14. 什么是无障碍出租车？

从功能上看，无障碍出租车是为残疾人、老年人、病人、孕妇等行动不便且有出行需求的人群提供出行服务的出租汽车。从外观看，无障碍出租车一般配备轮椅升降设备等装置，可以将轮椅推上车，车内空间也一般较大。除了满足行动不便的人群的出行需要之外，无障碍出租车也可以满足一般公众特殊情况下较大的空间需求。此外，一些网约车公司还为视障人士提供便利，在司机接单时会提醒司机，从而更好地为乘客提供便利。我国法律鼓励无障碍出租车的发展，例如《无障碍环境建设法》第二十五条第三款规定："县级以上地方人民政府根据当地情况，逐步建立城市无障碍公交导乘系统，规划配置适量的无障碍出租汽车。"交通运输部颁布的《巡游出租汽车经营服务管理规定》（2021修正）第二十条规定："巡游出租汽车经营者应当为乘客提供安全、便捷、舒适的出租汽车服务。鼓励巡游出租汽车经营者使用节能环保车辆和为残疾人提供服务的无障碍车辆。"

 ### 15. 怎样预约无障碍出租车？

无障碍出租车尚未在全国范围内普及，截至2023年年底,苏州、深圳、广州等城市已有无障碍出租车。预约无障碍出租车的方式因地区而异,具体的预约方式可以咨询当地的出租车公司、网约车公司,或者拨打当地的政务服务便民热线(号码为12345)咨询。以广州市为例,无障碍出租车主要以电话预约的方式提供服务,旨在优先满足行动不便人士的出行需求。这类出租车的运价收费标准与普通出租车相同,确保在服务费用上不存在歧视。乘客可以通过两个热线电话进行预约,分别为020-83600000和020-96122,热线全天开通,但需提前一天预约。无障碍网约车可通过手机"滴滴出行" APP下单预约,乘车流程与普通网约车一致。

16. 公共交通公司对残疾人有哪些安全保障义务?

残疾人在搭乘公共交通工具时,可能面临由于无障碍设施不完善而无法入站或存在入站过程中可能受伤的问题,此时公共交通工具的运营者是否应当承担责任?现行《民法典》规定了公共场所的经营者、管理者,以及活动的组织者对乘客负有安全保障义务,但这仅仅是一种笼统的原则性规定,而没有更加细化、具体的规定。根据一般社会常识和司法实践可推断出,公共交通公司对乘客的安全保障义务主要有:第一,保障设备、设施的合理及运营安全;第二,维护乘车秩序;第三,保障运营范围内乘客的人身及财产安全,并提供紧急救援;①第四,提供无障碍设施和无障碍服务,并对此负有告知义务。具体到无障碍方面的义务,《无障碍环境建设法》中有相对明确的规定,一是提供无障碍设施,例如无障碍直梯、辅助器具、专用等候区域、绿色通道和优先座席;二是提供无障碍信息,例如字幕报站、语音提示;三是提供无障碍服务,例如无障碍服务窗口、咨询引导、预约定制,协助辅具乘坐电梯等等。公共交通公司在没有尽到这些义务时,应当承担相应的责任。但要注意以下情况:一是若乘客对自身损失未尽注意义务,乘客自身也要承担相应比例的责任;二是若为第三人侵权,则由第三人承担侵权责任,经营者、管理者或者组织者未尽到安全保障义务的,承担相应的补充责任,经营者、管理者或者组织者承担补充责任后,可以向第三人追偿。若公共交通公司已尽安全保障义务,则对于侵害结果无须承担赔偿责任。

尽管法律有了相对明确的规定,但是在现实生活中,障碍者乘坐公共交通工具仍然可能会遇到各种困难,如在排队拥挤时被撞倒、乘坐扶梯而受伤等。如果遇到不便或受伤时,可以积极进行投诉或求助:第一,可以联系公共交通公司反映情况,其电话一般在网上公开;第二,可以联系当地的市长热线;第三,可以争取当地残联的帮助;第四,可以向当地的检

---

① 王璨:《地铁上起冲突,地铁站是否要承担责任?》,载北京市第三中级人民法院网站,https://bj3zy.bjcourt.gov.cn/article/detail/2017/01/id/2508485.shtml,2024年8月23日访问。

察院反映问题,由检察院通过检察公益诉讼解决纠纷;最后,也可以向法院提起民事诉讼,要求公共交通公司承担没有尽到安全保障义务的民事侵权责任。

● 法律规定

《民法典》第一千一百九十八条规定:"宾馆、商场、银行、车站、机场、体育场馆、娱乐场所等经营场所、公共场所的经营者、管理者或者群众性活动的组织者,未尽到安全保障义务,造成他人损害的,应当承担侵权责任。因第三人的行为造成他人损害的,由第三人承担侵权责任;经营者、管理者或者组织者未尽到安全保障义务的,承担相应的补充责任。经营者、管理者或者组织者承担补充责任后,可以向第三人追偿。"

《无障碍环境建设法》第四十二条规定:"交通运输设施和公共交通运输工具的运营单位应当根据各类运输方式的服务特点,结合设施设备条件和所提供的服务内容,为残疾人、老年人设置无障碍服务窗口、专用等候区域、绿色通道和优先坐席,提供辅助器具、咨询引导、字幕报站、语音提示、预约定制等无障碍服务。"

【案例 2-1】

轮椅使用者在地铁站乘扶梯摔伤

宋某某是一位轮椅使用者,2016 年某日,宋某某及父母乘坐地铁到达××站××出口准备刷卡出站。宋某某询问地铁工作人员有无直梯出站,被告知没有直梯的情况下,宋某某决定乘坐父母推行的轮椅,自行搭乘自动扶梯出站。其走向自动扶梯时有地铁工作人员制止,未果。后轮椅从扶梯上摔下,宋某某因此受伤。约1分钟后地铁工作人员赶到,为宋某某提供了帮助,并将其送往医院救治,经诊断为骨折。宋某某住院15天后出院。之后,宋某某向法院提起诉讼,主张地铁公司没有设置直梯,也无专人为残疾人提供帮助,未尽到安全保障义务,要求地铁公司赔偿医疗费、交通费、护理费、营养费、住院伙食补助费、鉴定费等费用。本案的焦点是残疾人搭乘地铁出行,地铁站管理人对残疾人的安全保障义务的合理限度与责任认定。法院认为,宋某某及家人作为完全民事行为能力人,知晓不能乘坐轮椅搭乘自动扶梯却仍然为之,对宋某某受伤承担主要责任。地铁公司在自动扶梯上粘贴安全乘梯提示标识及规定,并对宋某某乘坐自动扶梯加以制止,尽到了一定的安全保障义务。然而,地铁出站口设置了无障碍设施,只要拨打无障碍设施呼叫电话即可启动无障碍设施。宋某某作为乘车人,无法详尽知晓地铁出站口设置有何种类型的无障碍设施,地铁工作人员告知宋某某该出站口没有设置直梯时,应主动向宋某某告知其可以使用无障碍设施出站,并加以引导,但双方提交的证据无法证明地铁工作人员提供了引导帮助,对此地铁公司应承担一定责任。法院酌定宋某某承担责任比例为80%,地铁公司为20%。

【案例 2-2】

××市检察院督促保障视障人士公交出行无障碍行政公益诉讼[①]

2022 年 3 月，××市人民检察院（以下简称××市院）受理群众提报的案件线索后开展调查。经查，本市部分公交线路存在车外语音报站缺失、报站不及时等问题，严重影响视障人士日常公交出行。视障人士虽多次反映，但因公交线路周边居民投诉车外语音报站噪声扰民，与视障人士现实需求之间存在差异化认识，相关问题始终未能有效解决。2022 年 10 月 8 日，××市院以行政公益诉讼立案后，根据《××市无障碍环境建设管理办法》《××市客运公共交通管理条例》《××市无障碍设计标准》相关规定，与市交委开展磋商，并组织××市公交集团（以下简称市公交集团）、××市残疾人联合会参与其中，就视障人士权益受损事实及相关问题整改方案等进行充分讨论，邀请"益心为公"检察云平台志愿者全程参与，积极探索解决方案。经磋商，确定了兼顾公交线路周边群众与视障人士两方权益的整改思路，升级现有"××公交 APP"增加语音报站功能，以信息化手段破解信息无障碍"老大难"问题的整改方案。市交委指导市公交集团成立专门团队负责软件升级，邀

[①] 参见中华人民共和国最高人民检察院：《无障碍环境建设检察公益诉讼典型案例》，https://www.spp.gov.cn/xwfbh/dxal/202311/t20231113_633718.shtml，2024 年 8 月 24 日访问。

请同为视障人士的"益心为公"志愿者全程参与软件升级,并多次组织视障人士代表测试改进软件功能。

17. 残疾人乘坐公共交通工具有何优惠?

根据《残疾人保障法》的规定,盲人持有效证件可以免费乘坐公共汽车、电车、地铁、渡船等公共交通工具,有些地区还将可以免费乘坐公共交通工具的受益主体范围扩展到了非盲人的其他残疾人。实践中,不少地区为盲人办理乘坐公共交通工具的爱心卡,有些地区更新了第三代残疾人证,有 NFC 功能,可在乘坐交通工具时直接刷证书进站,提高了乘坐交通工具的进站效率。

● 法律规定

《残疾人保障法》(2018 修正)第五十条规定:"县级以上人民政府对残疾人搭乘公共交通工具,应当根据实际情况给予便利和优惠。残疾人可以免费携带随身必备的辅助器具。盲人持有效证件免费乘坐市内公共汽车、电车、地铁、渡船等公共交通工具。盲人读物邮件免费寄递。国家鼓励和支持提供电信、广播电视服务的单位对盲人、听力残疾人、言语残疾人给予优惠。各级人民政府应当逐步增加对残疾人的其他照顾和扶助。"

《江苏省残疾人保障条例》(2021 修正)第五十一条第三

款规定:"残疾人凭残疾人证免费乘坐市内公共汽车、地铁、轻轨、渡船等公共交通工具。残疾人携带必备的辅助器具以及盲人携带有识别标识的导盲犬出入公共场所、搭乘公共交通工具,应当给予便利,并不得收费。"

《江西省残疾人保障条例》(2022修正)第四十四条规定:"残疾人凭残疾人证可以享受下列优惠待遇:(一)乘坐长途汽车、火车、轮船、飞机等公共交通工具,优先购票,优先乘坐,免费携带随身必备的辅助器具;(二)盲人、重度残疾人免费乘坐市内公共汽车、电车、地铁、渡船;(三)……"

【案例 2-3】

残疾人免费乘车纠纷[1]

余某某为肢体四级残疾人,2014年7月,余某某乘坐某公交客运公司公交车时,出示残疾人证要求免费乘车,遭该车驾驶员拒绝,双方发生纠纷。余某某向人民法院起诉,请求判令公交客运公司赔礼道歉、承认错误;赔偿其交通费用、住宿费、餐饮费、误工费、精神损害赔偿金等各项损失共计4.5万元。人民法院经审理认为,残疾人依法享有乘车优惠,公交客运公司拒绝余某某免费乘坐,违反了《残疾人保障法》,应承担相应的法律责任,遂判决公交客运公司赔偿余某某2500元。

---

[1] 参见中国法院网:《最高人民法院 中国残疾人联合会共同发布残疾人权益保护十大典型案例》,https://www.chinacourt.org/article/detail/2021/12/id/6410441.shtml,2024年8月23日访问。

在本案审结后，法院还向该公交总公司发出司法建议，建议相关职能部门根据法律规定，在兼顾公交企业经济利益的同时，牵头制定更加便利残疾人免费乘车的相关制度及政策。

【案例2-4】

青海省人民检察院督促保障残疾人优惠乘坐公共交通工具公益诉讼案[①]

2021年2月，青海省人民检察院（以下简称青海省检）在立案办理公交卡消费民事公益诉讼案件过程中，发现现役军人、残疾人等特殊群体享有免费乘坐市区公交车的优待、优惠政策，但未有效落实的问题。2021年4月23日，青海省检以行政公益诉讼正式立案。检察人员认为，青海省残疾人享有免费乘坐城市公共交通工具的优惠权益，但因××公交集团相关配套技术措施尚未落实到位，暂未执行该项政策。同时在对××市公交车和公交车站的无障碍设施的维护、使用情况进行摸底和排查中发现，一些无障碍设施不符合工程建设标准，需进行升级和改造。针对这些问题，2021年4月30日，青海省检与省残联、××市残联、××公交集团等单位专门形成会议纪要，其中包括：1. 持有第二代"中华人民共和国残疾人证"的残疾人，凭有效证件办理"爱心卡"后，可免费乘坐××市内

---

① 参见中华人民共和国最高人民检察院：《最高检发布无障碍环境建设公益诉讼典型案例》，https://www.spp.gov.cn/xwfbh/wsfbh/202105/t20210514_518136.shtml，2024年8月23日访问。

公交车；2. 针对××市公交车和公交车站一些不符合工程建设标准的无障碍设施，抓紧时间分阶段、分步骤进行升级和改造。

18. 残疾人可以考取驾照吗？

残疾人是否可以考取驾照，要看是否符合《机动车驾驶证申领和使用规定》（2021 修订）中关于可以申领驾驶证与不得申领驾驶证的具体规定。具体而言有以下标准：

（1）身高：申请大型客车、重型牵引挂车、城市公交车、大型货车、无轨电车准驾车型的，身高为 155 厘米以上。申请中型客车准驾车型的，身高为 150 厘米以上。

（2）视力：申请大型客车、重型牵引挂车、城市公交车、中型客车、大型货车、无轨电车或者有轨电车准驾车型的，两眼裸视力或者矫正视力达到对数视力表 5.0 以上。申请其他准驾车型的，两眼裸视力或者矫正视力达到对数视力表 4.9 以上。单眼视力障碍，优眼裸视力或者矫正视力达到对数视力表 5.0 以上，且水平视野达到 150 度的，可以申请小型汽车、小型自动挡汽车、低速载货汽车、三轮汽车、残疾人专用小型自动挡载客汽车准驾车型的机动车驾驶证。

（3）辨色力：无红绿色盲。

（4）听力：两耳分别距音叉 50 厘米能辨别声源方向。有听力障碍但佩戴助听设备能够达到以上条件的，可以申请小型汽车、小型自动挡汽车准驾车型的机动车驾驶证。

（5）上肢：双手拇指健全，每只手其他手指必须有三指健全，肢体和手指运动功能正常。但手指末节残缺或者左手有三指健全，且双手手掌完整的，可以申请小型汽车、小型自动挡汽车、低速载货汽车、三轮汽车准驾车型的机动车驾驶证。

（6）下肢：双下肢健全且运动功能正常，不等长度不得大于5厘米。单独左下肢缺失或者丧失运动功能，但右下肢正常的，可以申请小型自动挡汽车准驾车型的机动车驾驶证。

（7）躯干、颈部：无运动功能障碍。

（8）右下肢、双下肢缺失或者丧失运动功能但能够自主坐立，且上肢符合本项第5目规定的，可以申请残疾人专用小型自动挡载客汽车准驾车型的机动车驾驶证。一只手掌缺失，另一只手拇指健全，其他手指有两指健全，上肢和手指运动功能正常，且下肢符合本项第6目规定的，可以申请残疾人专用小型自动挡载客汽车准驾车型的机动车驾驶证。

（9）年龄在70周岁以上能够通过记忆力、判断力、反应力等能力测试的，可以申请小型汽车、小型自动挡汽车、残疾人专用小型自动挡载客汽车、轻便摩托车准驾车型的机动车驾驶证。

此外，不得申请驾驶证的情况：有"器质性心脏病、癫痫病、美尼尔氏症、眩晕症、癔病、震颤麻痹、精神病、痴呆以及影响肢体活动的神经系统疾病等妨碍安全驾驶疾病"情形的，不得申请机动车驾驶证。①

【案例 2-5】

浙江省××市人民检察院督促落实残疾人驾照体检服务行政公益诉讼案②

残疾人通过体检获得医疗机构出具有关身体条件的证明，是依法申请或者更换机动车驾驶证的法定条件。2022 年 2 月，相关人员向浙江省××市人民检察院（以下简称××市检）反映，××市某残疾人驾照体检定点医疗机构长期未开展相关服务。经查，××市内有 6 家定点医疗机构或因不知晓政策而从未开展相关体检业务，或在开设体检业务后因体检人数较少予以取消，导致有需要的残疾人因体检渠道不畅影响后续驾照申领、换证等权利的公益受损情形。因此，××市检向辖区卫生健康行政部门发出行政公益诉讼诉前检察建议，督促其依法全面履行监管职责，及时整改违法情形，切实保障残疾人合法权益。收到检察建议书后，卫生健康行政部门第一时间约谈定点驾照体检医疗机构负责人，6 家定点医疗机构及时落实了残疾人驾照体检业务，并对外公布通知或通报辖区残疾人联合会。

---

① 《机动车驾驶证申领和使用规定》（2021 年修订）第十五条第一款。
② 参见中华人民共和国最高人民检察院：《残疾人权益保障检察公益诉讼典型案例》，https://www.spp.gov.cn/spp/xwfbh/wsfbt/202205/t20220513_556792.shtml，2024 年 8 月 24 日访问。

19. 残疾人驾驶汽车要遵守哪些额外的规定？

除了要遵守一般的交通规则之外，残疾人驾驶机动车还要遵守以下规定：如果驾驶的车辆为残疾人专用小型自动挡载客汽车，应当在车身前部和后部分别设置残疾人机动车专用标志（见图2-1），设置在车身距离地面0.4米以上1.2米以下的位置。有听力障碍的机动车驾驶人驾驶机动车时，应当佩戴助听设备；有视力矫正的机动车驾驶人驾驶机动车时，应当佩戴眼镜。

图 2-1　残疾人机动车专用标志[①]

● 法律规定

《机动车驾驶证申领和使用规定》（2021年修订）第七十八条规定："持有准驾车型为残疾人专用小型自动挡载客汽车的机动车驾驶人驾驶机动车时，应当按规定在车身设置残疾人机动车专用标志（附件四）。有听力障碍的机动车驾驶人驾驶

---

① 图片来源：《机动车驾驶证申领和使用规定》（2021年修订）附件4。

机动车时，应当佩戴助听设备。有视力矫正的机动车驾驶人驾驶机动车时，应当佩戴眼镜。"

20. 什么是无障碍停车位？

无障碍停车位最明显的标志是有"无障碍停车位"的标识（见图2-2）。从外观看，无障碍停车位要比普通停车位宽，普通小型车辆的车位长6米、宽2.5米，无障碍停车位在此基础上，在停车位旁留有长6米、宽1.2米的上下车区域，用黄色网格线作为标志，禁止车辆停放其上（见图2-3）。上下车区域与停车位标线的距离为5厘米，因此无障碍停车位的长度为6米、宽度为3.75米，车位宽度是普通车位宽度的1.5倍。从功能上看，无障碍停车位是方便肢体残疾人驾驶或者乘坐的机动车使用的停车位。① 无障碍停车位应布置在距停车场无障碍出入口最近的位置，并具备无障碍连接通道，应采用无障碍标识指引停车场无障碍出入口、通道，无障碍车位与上下车区域。② 总停车数在100辆以下

---

① 参见中华人民共和国国家质量监督检验检疫总局、中国国家标准化管理委员会《道路交通标志和标线第3部分：道路交通标线》，GB 5768.3—2009，第4.12.7条。

② 《城市公共停车场工程项目建设标准》（建标128—2010）第三十条规定："无障碍停车位应布置在距停车场无障碍出入口最近的位置，并具备无障碍连接通道。标准无障碍车位应包括无障碍上下车的通道，车位宽度为普通车位宽度的1.5倍，应采用无障碍标识指引停车场无障碍出入口、通道，无障碍车位与上下车区域。"

时应至少设置1个无障碍机动车停车位，100辆以上时应设置不少于总停车数1%的无障碍机动车停车位；城市广场、公共绿地、城市道路等场所的停车位应设置不少于总停车数2%的无障碍机动车停车位。①

图2-2 无障碍停车位标识②

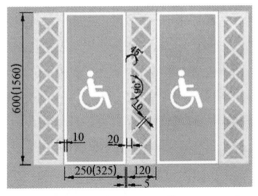

图2-3 残疾人专用停车位标线③（单位：厘米）

---

① 参见中华人民共和国住房和城乡建设部《建筑与市政工程无障碍通用规范》，GB 55019—2021，第2.9.5条。

② 图片来源：国家市场监督管理总局、中国国家标准化管理委员会《公共信息图形符号 第9部分：无障碍设施符号》，GB/T 10001.9—2021。

③ 图片来源：国家质量监督检验检疫总局、中国国家标准化管理委员会《道路交通标志和标线 第3部分：道路交通标线》，GB 5768.3—2009。

【案例 2-6】

××市人民检察院督促执行无障碍设计规范行政公益诉讼案①

2019 年以来，××市在辖区主干道道路两旁，新建并投入使用公共停车位 3200 余个，未按照《城市停车规划规范》和《无障碍设计规范》的有关规定配置无障碍机动车停车位，不符合"残疾人专用停车泊位数应不少于停车泊位总数 2%"的国家标准。因未设置无障碍停车位、停车扫码付费缺乏残疾人减免通道，给残疾人出行造成不便，也带来相关安全隐患。福建省××市人民检察院（以下简称××市检）在开展无障碍环境建设公益诉讼专项监督行动中发现上述线索，遂决定立案调查，查明如下事实：一是市政公共停车场 3200 余个停车位设置于中心城区主干道两边，占用的是公共道路资源；二是××市共有持证残疾人 2.9 万多名，肢残人 1.2 万多名，对无障碍停车位需求较大。上述问题已造成残疾人车辆停放于普通车位共计 665 车次，且存在未扫码付费被贴单锁车现象。2021 年 4 月，因本案涉及部门多，协调难度大，××市检主动召集住建、公安、交通等相关部门及残联代表、人大代表、政协委员、专家学者、中心城区市民代表、人民监督员召开圆桌

---

① 参见中华人民共和国最高人民检察院：《最高检发布无障碍环境建设公益诉讼典型案例》，https://www.spp.gov.cn/xwfbh/wsfbh/202105/t20210514_518136.shtml，2024 年 8 月 24 日访问。

会议，共同研究市政公共停车位无障碍停车整改方案，并取得共识。会后，××市检向住建、公安等部门发出诉前检察建议书，督促其依据各自职责，对市政公共停车场无障碍停车位配置进行系统整改。收到检察建议后，相关职能部门成立了专项整改小组，由住建部门牵头公安、财政、残联等部门，对无障碍停车位进行规划整改。在足额配备无障碍专用停车位的基础上，适当增加特殊教育学校、社保中心、医院等场所的配置比例；选择进出方便且平整的停车位作为无障碍停车位，并设置醒目标识牌、指示牌；为每个无障碍停车位都配置了1.2米宽的无障碍通道，方便残疾人上下车；升级停车扫码收费系统，开通残疾人信息录入通道和无障碍车位智慧指引功能；加强维护并加大对随意占用无障碍停车位行为的处罚力度。

21. 不设置无障碍停车位应当承担什么责任？

尽管《无障碍环境建设法》没有规定明确的罚则，但是有些地区在关于无障碍环境建设的地方性法规、地方政府规章中明确规定了停车场未设置无障碍停车位的相关罚则，例如由主管部门责令改正、罚款。各地罚款金额、方式各有不同，有些地区采取的是按日累计罚款的方式，有些地区采取按照停车位数量罚款的方式。

● 法律规定

《珠海经济特区无障碍城市建设条例》第五十条规定："违反本条例第十八条第一款规定，未设置并标明无障碍停车位的，由城市管理和综合执法主管部门责令限期改正；逾期未改正的，每逾期一日处二百元罚款。"

《北京市无障碍环境建设条例》第三十九条第一款规定："违反本条例第十七条第一款规定，擅自改变无障碍停车位用途的，由街道办事处或者乡镇人民政府责令限期改正；逾期不改正的，按照擅自改变用途的无障碍停车位数量，每个泊位处一万元罚款。"

《湖北省无障碍环境建设管理办法》第三十三条第一款规定："城市大中型公共场所的公共停车场和大型居住区的停车场，未按照无障碍设施工程建设标准设置并标明无障碍停车位的，由有关主管部门责令改正，并可以处五千元以下罚款。"

22. 无障碍停车位的使用规则是什么？

有两种车可以优先使用无障碍停车位：一种是残疾人专用机动车，这种车上张贴了残疾人机动车专用标志；另一种是由肢体残疾人驾驶或乘坐的其他机动车，由于未张贴标志，在优先使用无障碍停车位时，应当提供残疾人证。同时，为提升无障碍设施使用效率，在无障碍停车位充足的情况下，其他行动不便的残疾人、老年人、孕妇、婴幼儿等驾驶或者乘坐的机动车也可以使用无障碍停车位。

关于违规占用无障碍车位的情况，《无障碍环境建设法》没有明确的处罚措施，但有些地区设置了相应的罚则，具体情况还需查阅各地的地方性法规、地方政府规章。例如根据《湖北省无障碍环境建设管理办法》的规定，机动车非法占用无障碍停车位，影响肢体残疾人使用的，由公安机关责令改正，并可以处 20 元以上、200 元以下罚款。

● **法律规定**

《无障碍环境建设法》第二十四条规定："停车场应当按照无障碍设施工程建设标准，设置无障碍停车位，并设置显著标志标识。无障碍停车位优先供肢体残疾人驾驶或者乘坐的机动车使用。优先使用无障碍停车位的，应当在显著位置放置残疾人车辆专用标志或者提供残疾人证。在无障碍停车位充足的情况下，其他行动不便的残疾人、老年人、孕妇、婴幼儿等驾驶或者乘坐的机动车也可以使用。"

【案例 2-7】

无障碍停车位被占用

2022 年 12 月 22 日，××经济特区××街道综合行政执法办巡查发现，××小区门口无障碍停车位被快递车辆及物品占用，经周边摸排调查得知此类现象已经发生多次，但始终未取得有效管理，给残疾人、老年人、伤病患者、孕妇、儿童以及其他有需求者带来不便。执法人员根据《××经济特区无障碍城市建设条例》第十八条及第五十一条规定，对停车场管理方未履行无障碍停车位监管职责的行为作出处以罚款 1000 元的决定。停车场管理方当即认识到自身的错误并现场缴纳罚款，经执法人员批评教育后，深切地理解到无障碍停车位对残疾人和老年人、伤病患者、孕妇、儿童以及其他有需求者的重要性，承诺会主动履行监管责任，切实保证无障碍停车位能给予有需要的人员使用。

23. 盲道被占用，应当如何维权？

常见的盲道被占用有以下几种情形：一是被违停的机动车占用，二是商贩占道经营，三是共享单车占用，四是堆放建筑材料。第一种情形属于在人行道上停放机动车，违反《道路交通安全法》，可以要求交警处理。第二、三、四种情形，违反了城市管理相关的地方性法规，可要求城管处理。此外，四种情形均可请求当地残联协调处理，也可以联系 12345 政府服务热线反映问题，还可以向当地检察院反映，由检察院根据情况提起无障碍环境公益诉讼。

● **法律规定**

《无障碍环境建设法》第二十八条规定:"任何单位和个人不得擅自改变无障碍设施的用途或者非法占用、损坏无障碍设施。因特殊情况临时占用无障碍设施的,应当公告并设置护栏、警示标志或者信号设施,同时采取必要的替代性措施。临时占用期满,应当及时恢复原状。"

《道路交通安全法》(2021修正)第五十六条规定:"机动车应当在规定地点停放。禁止在人行道上停放机动车;但是,依照本法第三十三条规定施划的停车泊位除外。在道路上临时停车的,不得妨碍其他车辆和行人通行。"

《道路交通安全法》(2021修正)第九十三条规定:"对违反道路交通安全法律、法规关于机动车停放、临时停车规定的,可以指出违法行为,并予以口头警告,令其立即驶离。机动车驾驶人不在现场或者虽在现场但拒绝立即驶离,妨碍其他车辆、行人通行的,处二十元以上二百元以下罚款,并可以将该机动车拖移至不妨碍交通的地点或者公安机关交通管理部门指定的地点停放。公安机关交通管理部门拖车不得向当事人收取费用,并应当及时告知当事人停放地点。因采取不正确的方法拖车造成机动车损坏的,应当依法承担补偿责任。"

《茂名市城市市容和环境卫生管理条例》(2022修正)第二十六条规定"任何单位和个人不得占用盲道停放车辆、堆放物品，不得在盲道设置障碍物。市、区（县级市）市容和环境卫生行政主管部门应当定期巡查，及时发现和纠正占用盲道的行为，保障盲道通行。"

《茂名市城市市容和环境卫生管理条例》（2022修正）第六十四条规定："违反本条例第二十六条规定，占用盲道堆放物品或设置障碍物的，责令清除障碍，可以处二百元以下罚款。"

【案例2-8】

快递违法占用盲道

2023年4月，××区城管中队接到数起市民投诉，辖区某些路段经常堆放大量快递，盲道也被完全占据，不仅妨碍行人出行，也影响了市容市貌。执法人员接报后立即赶到现场，发现人行道上散落着几十件快递，盲道被完全覆盖。执法人员在现场开展调查取证，并找到快递负责人，负责人承认未办理过任何占路许可，对擅自占用盲道的违法行为供认不讳。执法人员随即向快递负责人开具了"责令改正通知书"，要求其立即改正违法行为，同时进行约谈，在后续的处理过程中，依法依规对其作出了罚款的行政处罚决定。在本案中，未经许可占用盲道属于违法行为，由城管执法人员作出行政处罚。

【案例 2-9】

贵州省××县人民检察院督促保护残疾人盲道安全行政公益诉讼案①

2021年4月,贵州省××县人民检察院(以下简称县检察院)在履职中发现,县城区内多个路段上的多处盲道存在以下问题:盲道缺失、毁损;盲道拐弯及尽头处未按要求铺设提示砖、盲道与路口衔接处未设置缓坡;部分盲道建设未避开树木、电杆等障碍物;其中两处盲道上还有配电箱、消防栓等危险物品。盲道建设问题影响了残疾人交通安全,侵害了残疾人合法权益,损害了社会公共利益。2021年5月10日,县检察院对上述线索依法立案办理,全面排查固定证据、查找相关法律法规、厘清盲道监管责任部门职责。县检察院认为,根据《中华人民共和国道路交通安全法》《中华人民共和国残疾人保障法》《无障碍环境建设条例》《贵州省残疾人保障条例》等法律法规规定,县住房和城乡建设局(以下简称县住建局)对城区内道路无障碍设施(盲道)负有管理和维护的职责,并于2021年5月20日向县住建局发出诉前检察建议,建议该局及时对

---

① 参见中华人民共和国最高人民检察院:《残疾人权益保障检察公益诉讼典型案例》,https://www.spp.gov.cn/spp/xwfbh/wsfbt/202205/t20220513_556792.shtml,2024年8月24日访问。

城区的盲道等无障碍设施建设情况进行全面排查，对存在问题积极进行整改，保障残疾人出行安全。2021年7月19日，县住建局回复称部分路段已整改完毕，部分路段因客观原因暂不能整改，另有部分路段陆续安排整改中，预计2021年8月10日前整改完毕。县检察院分别于8月3日、8月11日实地跟进监督，发现仍有多个路段未全面整改。8月13日，县检察院发函致县住建局，要求该局于8月16日前回复最新整改情况。8月25日，县住建局复函称已整改完毕。2021年9月6日，县检察院再次派员到现场勘查，发现辖区内盲道仍然存在不连续、未避开障碍物、不同砖块混用等问题。9月14日，县检察院到县残疾人联合委员会（以下简称县残联）了解县域内盲人有关情况及盲道设施建设情况，县残联向县检察院提交了《关于县城区盲道建设使用中存在有关问题的建议》。9月15日—16日，县检察院联合县残联走访了县城区部分盲人，他们反映盲道上有许多障碍物、许多该铺设提示砖的地方没有铺设，一些地方的盲道只铺了部分提示砖。9月17日、10月12日，县检察院又先后派员到上述路段进行现场勘查，发现盲道存在的问题依然没有整改，社会公共利益仍持续受到侵害。2021年10月13日，经层报贵州省人民检察院审批同意，县检察院向人民法院提起行政公益诉讼。2021年11月29日，县住建局申请延期开庭，表示现已完成5条主干道无障碍通道改造，还剩8条路段盲道还未整改，已制定整改计划逐步推进整改，并致函县检察院要求撤回起诉。12月3日,县检察院联合县残联就县住建局履职情况、问题盲道整改效果、是否符合撤回起诉条件等问题进行公开听证,并邀请县人大代表、政协委员、律师代表、行政机关代表、盲人代表参加,听证员及盲人代表对县住建局采取有效措施对5条主干道盲道进行整改予以认可,但认为县城区内仍有8条问题盲道仍未能得到全面整改,残疾人出行交通安全隐患仍然存在,检察机关诉讼请求未能全部实现,不符合撤回起诉条件。2022年3月31日,人民法院公开开庭审理本案,并依法判决:责令被告对审理查明的县城区内仍未整改的8条道路盲道35处问题自本判决生效之日起两个月内整改完毕。住建局表示不上诉,正积极整改中。同时,县检察院结合个案办理,与县残联、县住建局、县综合执法局联合会签《关于在残疾人权益保障公益诉讼中加强协作配合实施办法》,从信息共享、线索移送、联席会议、协同协作等方面作了具体规定,形成了对残疾人权益保护合力,从源头上筑牢残疾人权益保护机制。

在本案中,县住建局是盲道的主管单位。县检察院在履职过程中发现盲道建设不规范的问题,损害了公共利益,因此作为公益诉讼起诉人,向盲道的主管部门(县住建局)发出了诉前检察建议。在发现住建局并未全面履行监管职责后,县检察院向残联、残疾人了解盲道建设情况,在充分收集证据的基础上向法院提起了检察公益诉讼,督促相关部门积极整改,有效维护了公共利益。

24. 人行天桥和人行地下通道，残疾人、老年人等使用不方便，怎么办？

《无障碍环境建设法》第二十三条明确规定"新建、改建、扩建和具备改造条件的城市主干路、主要商业区和大型居住区的人行天桥和人行地下通道，应当按照无障碍设施工程建设标准，建设或者改造无障碍设施。"加装电梯就是其中一种可行的方案。例如，2018年年初，一种可升降的"电梯"在××市××区××路天桥投入使用。行动不便的残疾人可乘它跨过人行天桥。这种"电梯"安置在上人行天桥的扶手一侧，在无人使用时，可以折叠起来。当需要使用时，先放下平台底座和座椅，待身体坐好后，将安全护栏放至身前，然后操作座椅旁的遥控器，即可进行升降，电梯的升降速度与人正常步行速度相当。

【案例 2-10】

上海市××区人民检察院督促履行人行天桥无障碍设施建设监管职责行政公益诉讼案[①]

2021年初，上海市人民检察院在听取人大代表意见建议时，有代表提出了关于开展对人行天桥进行适应特定群体改造

---

① 参见中华人民共和国最高人民检察院：《残疾人权益保障检察公益诉讼典型案例》，https://www.spp.gov.cn/xwfbh/dxal/202205/t20220513_556819.shtml，2024年8月25日访问。

的建议。其中，××区××路人行天桥未设置电梯，现有无障碍环境无法满足老、幼、病、残、孕等特定群体的出行需求。上海市人民检察院遂交办××区人民检察院（以下简称区检察院），区检察院于2021年4月立案审查，通过实地勘察对全区18座人行天桥中7座应改未改的天桥进行了逐项分析，排查原因，并向相关行政机关了解改建工程进展情况。××路天桥桥身高达十多米，仅设有步行上下楼梯，无法满足老、幼、病、残、孕等特定群体的出行需求。经查，虽然该天桥已列入该区无障碍设施改造计划，但因天桥所在范围内市政管线错综复杂，施工难度大，故该天桥的改建工程迟迟没有进展。根据《上海市无障碍环境建设与管理办法》第六条规定，住房城乡建设部门负责公共建筑、居住建筑、居住区无障碍设施工程建设活动的监督管理。因此区检察院与区建设和管理委员会开展多次诉前磋商，督促多部门协同履职，推动天桥无障碍设施改造进展。2021年6月2日，区检察院会同区建设和管理委员会召开全市首例无障碍设施检察公益诉讼公开听证会，邀请3名市人大代表担任听证员，同时邀请区市政管理中心和承担天桥设计工作的工程设计研究院参会，共商解决方案。通过与会各方的动态论证，一致认可给人行天桥加装电梯是平衡兼顾桥下市区主干路快速通行与天桥附近人群便捷安全出行两类社会公共利益的最优选择，并最终形成了较为科学合理的"斜挂式升降平台＋上下行自动扶梯"改造方案作为磋商结论。

25. 什么是过街音响提示装置？

过街音响提示装置是帮助视力障碍者通行的重要设施，可以提示视力障碍者是否可以通过路口，并且具有方向指示性，方便视力障碍者辨别方向。过街音响提示装置能够根据交通信号灯的显示状态播报不同频率的声音，为视障人士提供用于区分红绿灯状态的听觉信息。为解决过往实践中存在的扰民等问题，一些地区开发了智能化的过街音响提示装置，将物联网技术融入人行红绿灯场景，视障者可以通过使用红绿灯柱上的按钮、智能手机或可穿戴设备控制过街音响提示装置的开关，在有需要时才启用途经路口的过街音响提示装置。[1]

【案例 2-11】

广东省深圳市人民检察院督促完善过街音响提示装置无障碍功能行政公益诉讼案[2]

2022 年 6 月，广东省深圳市人民检察院（以下简称市检察

---

[1] 《建筑与市政工程无障碍通用规范》（GB 55019—2021）第 4.0.8 条规定："过街音响提示装置应符合下列规定：1. 应保证视觉障碍者的通行安全，且有利于辨别方向；2. 应在主要商业街、步行街和视觉障碍者集中区域周边道路的人行横道设置；3. 应结合人行横道信号灯统一设置；4. 应避免产生噪声污染；5. 应设置开关功能。"

[2] 参见中华人民共和国最高人民检察院：《无障碍环境建设检察公益诉讼典型案例》，https：//www.spp.gov.cn/xwfbh/dxal/202311/t20231113_633718.shtml，2024 年 8 月 24 日发布。

院）收到市残疾人联合会（以下简称市残联）线索，反映市众多人行道红绿灯路口过街音响提示装置缺失或不能正常使用，遂于同年12月5日决定立案。经实地调查101处市区主要干道、主要商业区和居住区周边的人行道红绿灯路口，发现有77处路口未设置过街音响提示装置，设置率仅23.76%；已设置相关装置的24处路口中，大多数存在未启用或发声小、未设置开关功能、发声朝向有偏差等诸多问题。市检察院认为，未依法设置人行道红绿灯路口过街音响提示装置或相关装置不能正常使用的情况，违反了《无障碍环境建设条例》《深圳经济特区无障碍城市建设条例》等法律法规，以及《建筑与市政工程无障碍通用规范》（GB 55019—2021）、《道路交通信号灯设置与安装规范》（GB 14886—2016）等国家标准的有关规定。2022年12月8日，市检察院召集市交通运输局、市公安局交通警察局（以下简称市交警局）召开磋商会，邀请市残联代表及人民监督员参会，与会各方就完善安装过街音响提示装置、加大现有设备维护、推动智能化过街音响提示装置试点等整改事宜达成共识。会后，市交警局等职能部门积极采取措施落实整改。

26. 哪些地方应当安装过街音响提示装置？

设置过街音响提示装置的地点，主要考虑人流量大或者需求集中的地方，其他地段不作强制要求，目前仅规定城市中心区、残疾人集中就业单位和集中就读学校周边的人行横道的交通信号设施，应当按照标准安装过街音响提示装置。

● **法律规定**

《无障碍环境建设法》第二十三条第二款规定："城市主干路、主要商业区等无障碍需求比较集中的区域的人行道，应当按照标准设置盲道；城市中心区、残疾人集中就业单位和集中就读学校周边的人行横道的交通信号设施，应当按照标准安装过街音响提示装置。"

● **立法信息**

《无障碍环境建设法（草案）》三次审议稿第二十三条第二款规定，城市中心区的人行横道的交通信号设施应当安装过街音响提示装置。有的常委委员提出，从有关地方的实践看，在残疾人较为集中的区域安装过街音响提示装置，对于保障残疾人出行安全很有助益，建议进一步扩大安装范围。宪法和法律委员会经研究，建议将安装范围规定为"城市中心区、残疾人集中就业单位和集中就读学校周边的人行横道"[1]。

---

[1] 《全国人民代表大会宪法和法律委员会关于〈中华人民共和国无障碍环境建设法（草案三次审议稿）〉修改意见的报告》，载中国人大网，http://www.npc.gov.cn/npc/c2/c30834/202306/t20230628_430335.html，2024年8月14日访问。

27. 携带大件行李乘坐扶梯，行李滑落砸伤他人应当承担什么责任？

无障碍直梯除了残疾人外，还适用于携带大件行李的人，而且携带大件行李的人应当优先乘坐无障碍直梯。携带大件行李时如果搭乘自动扶梯，应尽到注意义务，确保行李箱处于安全状态，防止行李滑落砸伤他人，如果没有尽到注意义务，导致行李滑落砸伤他人，行李的管理者承担相应的侵权赔偿责任。如果其他乘客未尽注意义务对自身受损存在过错的，应自担部分责任。自动扶梯或无障碍直梯的所有人、场所管理人对设备使用过程中存在的可能危及人身财产安全的事项应尽到审慎注意和提示的义务，常见的提示方式包括语音、文字或工作人员现场提示等，否则，电梯的所有人、场所管理人须承担安全保障责任项下的侵权赔偿责任。

● **法律规定**

《民法典》第一千一百九十八条规定："宾馆、商场、银行、车站、机场、体育场馆、娱乐场所等经营场所、公共场所的经营者、管理者或者群众性活动的组织者，未尽到安全保障义务，造成他人损害的，应当承担侵权责任。因第三人的行为造成他人损害的，由第三人承担侵权责任；经营者、管理者或者组织者未尽到安全保障义务的，承担相应的补充责任。经营者、管理者或者组织者承担补充责任后,可以向第三人追偿。"

【案例2-12】

携带行李箱乘坐扶梯致他人人身损害案①

吴某某拖着行李拉杆箱,乘坐地铁站内的自动上行扶梯,由于乘坐扶梯时低头玩手机,未拉好拉杆箱,拉杆箱从自动扶梯上端快速滑落,砸中刚踏上自动扶梯的李某某,导致李某某头骨开裂、寰椎骨折,当场被送到医院救治。后李某某向法院起诉,要求吴某某承担赔偿责任,法院支持了李某某的诉讼请求。在本案中,吴某某未尽到对拉杆箱的管理义务,在扶梯向上运行的情况下,李某某没时间,也没空间避让,故李某某不存在过错。李某某受伤与吴某某的过错存在因果关系,故吴某某对李某某构成侵权,应对其损害后果承担全部赔偿责任。

---

① 参见《拉杆箱滑落地铁自动扶梯砸伤行人 法院:构成侵权承担全部赔偿责任》,载上海市高级人民法院网站,https://www.hshfy.sh.cn/shfy/web/xxnr.jsp?pa=aaWQ9MjAyODkxNjkmeGg9MSZsbWRtPWxtNTE5z&zd=xwxx,2024年8月24日访问。

第三章

居住领域的无障碍

28. 国家对于老旧小区加装电梯的相关政策是什么？

很多老旧小区都没有电梯，导致很多老年人、残疾人因上下楼梯困难而出行不便。因此，近年来居民对老旧小区加装电梯的呼声很大。但加装电梯的实施难度也很大：一是费用问题，加装电梯以及后期维护的费用金额较大，存在资金筹措困难和各业主分摊费用方案难以达成共识等问题；二是业主之间对于是否加装电梯难以达成共识，不同业主的利益诉求不同，有些业主考虑到噪声、遮光、施工、影响出行、降低低楼层的房屋价格等因素而反对加装电梯。

老旧小区既有住宅加装电梯是改善老年人居住条件、解决"老人下楼难"问题的重要手段。在《无障碍环境建设法》中，国家支持城镇老旧小区既有多层住宅加装电梯或者其他无障碍设施，为残疾人、老年人提供便利。各地也有一些鼓励加装电梯的政策出台，例如绵阳市出台的《关于进一步做好绵阳市既有住宅电梯增设工作的实施意见》（绵住建委发〔2022〕30号）明确了加装电梯的实施范围、流程和条件，同时政府对完成加装的电梯给予单部最高20万元的奖补资金。

立法中明确支持加装电梯的对象是城镇老旧小区，2020年《国务院办公厅关于全面推进城镇老旧小区改造工作的指导意见》提出"城镇老旧小区是指城市或县城（城关镇）建成年代较早、失养失修失管、市政配套设施不完善、社区服务设施不健全、居民改造意愿强烈的住宅小区（含单栋住宅楼）。各地要结合实际，合理界定本地区改造对象范围，重点改造2000年底前建成的老旧小区。"针对资金筹措困难的问题，该文件也指出，要"合理落实居民出资责任。按照谁受益、谁出资原则，积极推动居民出资参与改造，可通过直接出资、使用（补建、续筹）住宅专项维修资金、让渡小区公共收益等方式落实。研究住宅专项维修资金用于城镇老旧小区改造的办法。支持小区居民提取住房公积金，用于加装电梯等自住住房改造。鼓励居民通过捐资捐物、投工投劳等支持改造。鼓励有需要的居民结合小区改造进行户内改造或装饰装修、家电更新。"

● **法律规定**

《无障碍环境建设法》第二十二条规定："国家支持城镇老旧小区既有多层住宅加装电梯或者其他无障碍设施，为残疾人、老年人提供便利。县级以上人民政府及其有关部门应当采取措施、创造条件，并发挥社区基层组织作用，推动既有多层住宅加装电梯或者其他无障碍设施。房屋所有权人应当弘扬中华民族与邻为善、守望相助等传统美德，加强沟通协商，依法配合既有多层住宅加装电梯或者其他无障碍设施。"

29. 想要在本小区加装电梯，应该满足什么条件？

老旧小区加装电梯，首先需要合法的表决程序，其次需要履行行政审批手续。关于表决，实践中通常认为，建筑物加装电梯属于"改建、重建建筑物及其附属设施"的范畴，需要遵守《民法典》的相关规定。既有住宅加装电梯属于依法应当由业主共同决定的重大事项。按照《民法典》第二百七十八条第一款第七项和第二款的规定，改建、重建建筑物及其附属设施这一业主共同决定事项，应当由专有部分面积占比三分之二以上的业主且人数占比三分之二以上的业主参与表决，同时应当经参与表决专有部分面积四分之三以上的业主且参与表决人数四分之三以上的业主同意。例如，假设一栋楼有 12 个业主，且各业主专有部分面积均相同，这栋楼想要加装电梯。按照《民法典》的规定，应当由三分之二以上的业主（8 人以上，包括 8 人）参与表决。假设有 8 个业主参与了表决，则应当有四分之三以上业主（6 人以上，包括 6 人）同意，方可加装电梯。假设 12 个业主均参与了表决，则应当有四分之三以上业主（9 人以上，包括 9 人）同意，方可加装电梯。

关于行政审批，加装电梯项目必须取得行政主管部门的审批手续，确保加装施工不会对房屋主体结构安全造成危害，尽量降低对其他业主通风、采光、通行造成的不利影响，具体流程需要咨询当地的住建局。例如，武汉市武昌区专门设置了区电梯办，由电梯办解决加装电梯的流程问题。

● 法律规定

《民法典》第二百七十八条规定："下列事项由业主共同决定：……（七）改建、重建建筑物及其附属设施；……业主共同决定事项，应当由专有部分面积占比三分之二以上的业主且人数占比三分之二以上的业主参与表决。决定前款第六项至第八项规定的事项，应当经参与表决专有部分面积四分之三以上的业主且参与表决人数四分之三以上的业主同意。决定前款其他事项，应当经参与表决专有部分面积过半数的业主且参与表决人数过半数的业主同意。"

《民法典》第一千二百五十九条规定："民法所称的'以上'、'以下'、'以内'、'届满'，包括本数；所称的'不满'、'超过'、'以外'，不包括本数。"

30. 因加装电梯产生争议，应当如何解决？

因无法达成加装电梯的合意而发生的争议属于民事纠纷，当事人可通过协商解决。协商不成的，可以要求相关部门，例如街道、派出所进行调解，尤其是发挥党委的调解作用。协商或调解不成的，当事人可依法向人民法院起诉。

● **立法信息**

《无障碍环境建设法（草案）》二次审议稿第二十二条从国家支持、政府推动、居民配合三个方面，对加装电梯等无障碍设施作出规定。有些常委委员、基层立法联系点和社会公众提出，社会广泛关注加装电梯等无障碍设施的问题，应当进一步明确加装范围，发挥社区基层组织作用，并充分考虑居民的不同利益诉求。宪法和法律委员会经研究，建议作如下修改：一是将加装电梯等无障碍设施的住宅范围明确为"城镇老旧小区既有多层住宅"；二是增加"发挥社区基层组织作用"以及房屋所有权人"加强沟通协商"的规定。①

【案例 3-1】

联合调解、释法答疑促进业主形成加装电梯共识②

2017 年，××市某小区业主黄某某等人发起加装电梯申

---

① 《全国人民代表大会宪法和法律委员会关于〈中华人民共和国无障碍环境建设法（草案）〉审议结果的报告》，载中国人大网，http://www.npc.gov.cn/npc/c2/c30834/202306/t20230628_430336.html，2024 年 8 月 14 日访问。

② 参见中国法院网：《老旧小区既有住宅加装电梯典型案例》，https://www.chinacourt.org/article/detail/2023/11/id/7627481.shtml，2024 年 8 月 23 日访问。

请，但三楼业主王某某认为，新安装的电梯位置与其住宅距离过近，会对通风、采光产生不利影响，因此王某某明确反对加装电梯，经街道社区多次协商仍未就电梯加装位置达成一致意见。根据法律规定，同意加装电梯人数已超过法定比例，黄某某等人向有关部门提交了加装电梯申请。区住房和城乡建设局等部门经过联合审查，批准加装电梯。2018年8月，加装电梯项目开始施工，王某某到施工现场阻挠。黄某某向人民法院起诉请求王某某赔偿因加装电梯受阻而产生的相关经济损失。王某某申请人民调解委员会调解。该地区人民法院、区住房和城乡建设局和区人民调解委员会共同决定召集各方进行联合调解，从专业角度为双方分析利弊。法官在充分了解该项目实际情况及双方诉求基础上，详细解读加装电梯适用的相关法律规定、诉讼对邻里关系的负面影响等。区住房和城乡建设局说明了加梯补贴政策、加梯审批流程、位置移动变更手续等。电梯加装企业就加装电梯对楼房间距、个人隐私等的影响，从技术层面予以对比说明。最终，双方签订调解协议，电梯在原方案基础上适度移位，双方共同监督加装电梯施工，尽量减少对居民的影响，同时经区人民法院、区住房和城乡建设局和区人民调解委员会与设计单位、电梯加装企业协商，不再增加移位后产生的加装费用。黄某某等人撤诉。

【案例 3-2】

楼上业主集资免费为低层老年业主加装电梯连廊，共享加装电梯便利①

2020年3月，××市某老旧小区1栋2单元业主投票决定启动小区加梯工作。除居住二层的王某某不同意以及2户业主弃权外，其他业主均同意加装电梯。2020年12月，加装电梯项目准备施工时，王某某出面阻挠，并向人民法院起诉，以其他邻居侵犯其建筑专有部分权利以及通风采光权等为由，要求停止电梯施工。法院审理认为，经现场勘验，拟加建的电梯及连廊作为全封闭的建筑，在距楼栋较近的情况下可能会影响王某某家阳台一侧的通风、采光和日照，至于影响的程度大小，因无明确的证据而无法确定，王某某也无法举证。该加装电梯项目已取得相关行政许可，且业主表决程序合法，加建电梯的行为符合法律的规定，故法院判决不支持王某某的诉讼请求。虽然其余业主赢了官司，但为避免出现"赢了官司、输了感情"，该单元的几名党员业主主动找到王某某协商，提出由楼上业主共同出资，为二楼年近九旬反对加装电梯的业主王某某免费增设电梯入户连廊，10年内免交电梯保养费、维修费。王某某也

---

① 参见中国法院网：《老旧小区既有住宅加装电梯典型案例》，https://www.chinacourt.org/article/detail/2023/11/id/7627481.shtml，2024年8月24日访问。

消除了思想顾虑，肯定了加装电梯给自身带来的便利，双方最终握手言和。

31. 什么是建筑物的共有部分和专有部分？

《最高人民法院关于审理建筑物区分所有权纠纷案件适用法律若干问题的解释》（2020年修正，以下简称《建筑物区分所有权司法解释》）第二条第一款规定，"建筑区划内符合下列条件的房屋，以及车位、摊位等特定空间，应当认定为民法典第二编第六章所称的专有部分：（一）具有构造上的独立性，能够明确区分；（二）具有利用上的独立性，可以排他使用；（三）能够登记成为特定业主所有权的客体。"

建筑物除了专有部分之外，还有共有部分，共有部分是指：（1）法律、行政法规规定的共有部分（例如《民法典》第二百七十四条、第二百七十五条第二款）；（2）建筑物的基础、承重结构、外墙、屋顶等基本结构部分，通道、楼梯、大堂等公共通行部分，消防、公共照明等附属设施、设备，避难层、设备层或者设备间等结构部分；（3）其他不属于业主专有部分，也不属于市政公用部分或者其他权利人所有的场所及设施等。建筑区划内的土地，依法由业主共同享有建设用地使用权，但属于业主专有的整栋建筑物的规划占地或者城镇公共道路、绿地占地除外。

● 法律规定

《民法典》第二百七十四条规定:"建筑区划内的道路,属于业主共有,但是属于城镇公共道路的除外。建筑区划内的绿地,属于业主共有,但是属于城镇公共绿地或者明示属于个人的除外。建筑区划内的其他公共场所、公用设施和物业服务用房,属于业主共有。"

《民法典》第二百七十五条规定:"建筑区划内,规划用于停放汽车的车位、车库的归属,由当事人通过出售、附赠或者出租等方式约定。占用业主共有的道路或者其他场地用于停放汽车的车位,属于业主共有。"

32. 小区加装电梯的费用如何分摊?

若无特别约定,表决通过后,反对加装电梯的业主不需要出资,但是也无权使用电梯。加装电梯后,若业主愿意补全出资,则也有权利使用该电梯。其他用户按照协商的结果分摊费用。然而在实践中,对于每层分摊多少钱,业主往往难以协商,各个地方也根据实际情况出台了出资指导细则。例如上海市出台了《既有多层住宅加装电梯不同楼层业主出资指导区间》供业主协商参考。

加装电梯费用除了业主们分摊外,地方各级财政也会根据情况给予财政补贴。例如杭州市出台的《杭州市区老旧小区住宅加装电梯与管线迁移财政补助资金使用管理办法》（2022年修订）将财政资金补助分为三类：（1）项目补助。加装电梯所需的建设、运行使用、维护管理资金由相关业主共同承担，对符合条件的加装电梯项目，政府给予20万元/台的补助，市、区两级财政各承担50%。（2）管线补助。加装电梯项目涉及的电力、水务、燃气、通信、网络等相关管线迁移改造费用，由市级财政给予5万元/台的补助，上述管线其余费用由区级财政保障。（3）考核补助。每完成一台电梯加装，给予社区8000元/台的资金补助，市、区两级财政各承担50%。各地的补贴政策可以在各地的住房保障和房产管理局官网进行查阅。此外，各个地方还提出一些其他支持政策，包括加装电梯可以提取公积金、住宅专项维修基金，还可以申请专门的低息贷款等。

【案例3-3】

未同意加装电梯业主补缴出资后有权使用电梯[①]

××市某小区某栋9层住宅楼业主于2017—2018年商议加装电梯，44户业主中有32户业主同意。居住于3楼、年近九旬的业主马某某因有异议未参与出资。电梯投入使用后，马

[①] 参见中国法院网：《老旧小区既有住宅加装电梯典型案例》，https://www.chinacourt.org/article/detail/2023/11/id/7627481.shtml，2024年8月24日访问。

某某提出希望在补缴相应集资款后使用电梯,但32户业主认为马某某前期对加装电梯有异议,导致加装电梯工程延误一年多,反对其使用电梯。马某某向人民法院起诉,请求确认其在按前期加装电梯筹资方案支付费用后,对新建电梯拥有与其他业主同等的权利和义务。人民法院审理认为,案涉电梯在使用属性上系建筑物的共有部分,马某某与其他业主对电梯享有使用权和共同管理的权利。马某某使用该电梯并不属于相关法律及司法解释所规定的应由业主共同决定的事项,亦不会导致其他业主使用电梯的合法权利受到损害,故无须经多数业主同意。依据公平原则,使用电梯应以交纳集资款为前提,故法院判决在马某某支付增设电梯集资款后,由该住宅业主代表向马某某提供电梯卡,供其搭乘电梯使用。宣判后,32户业主提出上诉,二审法院驳回上诉,维持原判。

33. 加装电梯后可以反悔吗?

对于已经依法建成的电梯,反悔或者反对加装电梯的业主请求拆除电梯的,人民法院不予支持。即使加装电梯会对其他业主通行、通风、采光造成一定影响,或者会占用少量公共绿地,其他业主亦应当给予适当包容。反对加装电梯或者未出资加装电梯的业主因生活需要而需使用加装电梯的,在合理分担加装和维护费用的情况下,其使用电梯的权利应当依法受到保护。

● 立法信息

2022 年，住房和城乡建设部官网公布《住宅项目规范》（征求意见稿），向社会公开征求意见。该规范为"全文强制性工程建设规范"之"工程项目类规范"，正式施行后将替代以往住宅建筑规范。该规范准备将现行标准下的七层及以上须设置电梯，提升为入户层为二层及以上应设置电梯，从源头遏制加装电梯需求增量，减少后期再加装电梯的需要。[1]

34. 什么是家庭无障碍改造？

家庭是残疾人、老年人等群体活动的主要场所，家庭无障碍改造可以改善其生活条件。具体的改造内容根据主体、各地政策、残疾类别、居家条件、残疾程度等的不同而有所不同，需要根据残疾人、老年人等群体的具体情况进行个性化改造。常见的家庭无障碍改造如：为盲人所在家庭安装具有语音提示功能的家具、语音报警器；为肢体障碍者所在家庭安装可升降家具、单手操作家具、各类扶手、改造坡道；为听力障碍者、言语障碍者的家庭安装发光门铃，配备无障

---

[1] 中华人民共和国住房和城乡建设部、国家市场监督管理总局：《住宅项目规范（征求意见稿）》，http：//www.chinajsb.cn/special/doc/2022/20220316/0956086599.pdf，2024 年 8 月 24 日访问。

碍闪光开水壶、具有震动功能的家具等；为精神障碍者、智力障碍者家庭提供家庭智能监控探头，方便照顾障碍者，提供刀具密码收纳箱以避免产生危险；等等。① 一般情况下，家庭无障碍环境改造所需费用通常由进行改造的家庭承担，对于贫困家庭等特殊家庭，政府根据规定给予补贴。

35. 哪些单位应当支持、配合家庭无障碍改造？

根据《无障碍环境建设法》第十九条的规定，"县级以上人民政府应当支持、指导家庭无障碍设施改造。对符合条件的残疾人、老年人家庭应当给予适当补贴。居民委员会、村民委员会、居住区管理服务单位以及业主委员会应当支持并配合家庭无障碍设施改造。"因此，残疾人、老年人有家庭无障碍改造需求时，可向上述单位寻求帮助，要求其支持、配合家庭无障碍改造。例如，为改善残疾人生活环境，方便残疾人日常居家生活，2023年经实地了解情况后，镇沅县乡两级残联与施工方根据残疾类别、残疾程度等情况，通过上门了解意愿、现场查看等方式，为他们量身定制了"一户一方案"改造方案。

---

① 参见北京市残疾人联合会：《北京市残疾人居家环境无障碍改造项目目录》，https://www.bdpf.org.cn/cms68/web1459/subject/n1/n1459/n1508/n1509/n1511/n2544/c131952/content.html，2024年8月24日访问。

36. 残联的家庭无障碍改造流程是什么？

第一，符合条件的残疾人家庭或者失能老人家庭可以提出家庭无障碍改造的申请，而各地政策中符合改造条件的标准、覆盖主体范围有所不同，具体可查阅当地残联印发的实施细则。第二，无障碍改造是依申请作出的，符合改造条件的残疾人或其监护人可向户籍所在地残联提出书面申请。对于符合改造资格的，由残疾人提交改造意向书，进入调查与评估程序。第三，当地残联派相关专业人员入户调查，评估该主体面临的障碍程度、家庭状况。第四，在专业评估的基础上，由残联组织技术人员制定无障碍改造方案，并征求申请对象的认可。第五，改造工程是由施工单位按照改造方案组织施工，由残联、申请人、施工单位进行验收的，最终由申请对象作出满意度评价。①

37. 家庭无障碍自行改造是否可以申请补贴？

对家庭自行改造，也是家庭无障碍改造的重要方式。有些

---

① 参考北京市残疾人联合会发布的残疾人居家环境无障碍改造办理流程，北京市残疾人联合会网站，https://www.bdpf.org.cn/cms68/web1459/subject/n1/n1459/n2656/n2667/n5541/index.html，2024年8月14日访问。

地区已经作出了由家庭自行施工，然后申请政府补贴的政策。例如，福建省残联规定，家庭无障碍改造经申请、审批之后，可由申请人（代理人）自行安排施工，也可由各级残联以政府购买服务的方式委托第三方协议机构组织施工。完成改造后，残联对改造部位进行审核验收，验收通过的，进入报销程序，为申请人拨付补贴资金。

第四章

社会生活领域的无障碍

38. 什么是服务犬？

《无障碍环境建设法》不仅将日常生活中常听到的导盲犬纳入了立法范畴，而且还关注到了导听犬、辅助犬等其他类型的服务犬，这是立法的一大进步。服务犬是为人类生活提供方便的犬种，主要有导盲犬、导听犬、行动辅助犬、孤独症辅助犬等等。不同"工种"的服务犬会接受不同培训，掌握不同技能，为障碍者提供不同服务：导盲犬能够为视力障碍者避障、引路，还能响应一些动作口令，甚至能帮助视力障碍者进行社交；导听犬不需要主人发出指令就可以针对不同情况自觉作出反应，对声音的反应能力较好，可通过肢体接触将信息传递给主人；行动辅助犬可以为肢体障碍者执行任务，例如拿东西、按电梯；孤独症辅助犬可以通过陪伴和接触，舒缓孤独症人群的情绪，并提供安全保障。服务犬需要具备相关证书，即养犬登记证、疫苗证和服务犬使用证，一般穿着印有"残疾人联合会"和相关标志的工作服。由于品种和性格的条件严格、培训难度大、培训成本高，服务犬的数量很少。以导盲犬为例，截至2023年年底，全国只有200只左右，所以服务犬的申请一般需要很长的周期。

39. 服务犬可以进入公共场所吗?

服务犬对于障碍者的生活来说是必不可少的,是主人实现顺利生活的重要功能辅助,可以看作是主人身体的延伸。因此,按理来说,只要是人可以进入的地方,服务犬都可以进入。《无障碍环境建设法》第四十六条规定,"公共场所经营管理单位、交通运输设施和公共交通运输工具的运营单位应当为残疾人携带导盲犬、导听犬、辅助犬等服务犬提供便利。残疾人携带服务犬出入公共场所、使用交通运输设施和公共交通运输工具的,应当遵守国家有关规定,为服务犬佩戴明显识别装备,并采取必要的防护措施。"也就是说,服务犬可以进入公共场所,不仅如此,公共场所的经营管理单位、交通运输设施和公共交通运输工具的运营单位,还应当为服务犬提供便利,例如在有条件的情况下将残疾乘客及其同行人员安排在宽敞的座位,以方便其照看服务犬。同时,残疾人携带服务犬进入公共场所、使用交通运输设施也应遵守相应要求:第一,应为服务犬佩戴明显的识别装备,例如穿颜色明显并由残联印发的"工作服"。第二,经过训练的服务犬不具有危险性,但为了保险起见,残疾人还是应该为服务犬采取必要的防护措施。在一些具体的情境下,还有些更为具体的操作规定,需要查看各个部门或者地方的规定。例如,携带导盲犬选择铁路出行时,要尽量在车站售票窗口购票时或开车时间12小时前,通过12306电话联系铁路客户服务中心说明携带导盲犬乘车的需求,主动告知服务犬的情况,以便工作人员提供服务;乘坐铁路交通超过12小时,需要有同行人员陪同;在进站乘车时,需出示个人有效身份证件、残疾人证、服务犬工作证、动物健康免疫证明。①

【案例4-1】

视力障碍者携带导盲犬入住酒店

2023年年底,视力障碍者张某某携带导盲犬应邀参加相关培训。当来到预订酒店办理入住手续时,酒店前台以禁止携带宠物为由,拒绝其进入,并明确表示只能将导盲犬寄存在酒店指定的地方。张某某离开导盲犬寸步难行,且导盲犬非常珍贵,遂不同意将其寄存。双方僵持不下,张某某于是致电残联寻求帮助。残联认为,导盲犬是符合国家规定、持证上岗的工作犬。因此,残联联系了酒店所在街道及社区相关工作人员,并安排专人前往现场进行协调。最终,酒店向张某某道歉,张某某得以顺利入住。

---

① 参见中国铁路总公司办公厅、中国残疾人联合会办公厅印发的《视力残疾旅客携带导盲犬进站乘车若干规定(试行)》(铁总办运〔2015〕60号)。

40. 作为普通公众,遇到服务犬应该怎么做?

作为普通公众,如果在公共场合遇到服务犬,不要感到恐慌,服务犬一般不具有危险性,但也不应过分亲近,而应遵守"四不"原则,并提倡"一问"原则。"四不"即不抚摸、不喂食、不呼唤、不拒绝。因为导盲犬正在工作,作为公众,抚摸、喂食、呼唤的行为有可能干扰导盲犬的正常工作。"一问",即提倡主动询问障碍者是否需要帮助。

41. 什么是低位服务设施?

公共服务机构应当设置低位服务设施。低位服务设施和普通服务设施最主要的区别在于,低位服务设施下部留有容膝容脚空间,方便轮椅回转,操控台的高度适合乘轮椅者使用。《建筑与市政工程无障碍通用规范(GB 55019—2021)》是强制性国家标准,其中第3.6条对低位服务设施作了更加详细的规定,例如规定了应当设置低位服务设施的场所、低位服务设施的高度、容膝容脚空间的具体大小等。[1]

---

[1] 《建筑与市政工程无障碍通用规范(GB 55019—2021)》第3.6条规定:"3.6 低位服务设施 3.6.1 为公众提供服务的各类服务台均应设置低位服务设施,包括问询台、接待处、业务台、收银台、借阅台、行李托运台等。3.6.2 当设置饮水机、自动取款机、自动售票机、自动贩卖机等时,每个区域的不同类型设施应至少有1台为低位服务设施。3.6.3 低位服务设施前应留有轮椅回转空间。3.6.4 低位服务设施的上表面距地面高度应为700mm~850mm,台面的下部应留出不小于宽750mm、高650mm、距地面高度250mm范围内进深不小于450mm、其他部分进深不小于250mm的容膝容脚空间。"

● 法律规定

《无障碍环境建设法》第四十条规定:"行政服务机构、社区服务机构以及供水、供电、供气、供热等公共服务机构,应当设置低位服务台或者无障碍服务窗口,配备电子信息显示屏、手写板、语音提示等设备,为残疾人、老年人提供无障碍服务。"

42. 什么是无障碍卫生间、第三卫生间?

《建筑与市政工程无障碍通用规范》(GB 55019—2021)中,无障碍厕所是指无性别区分、男女均可使用的小型无障碍厕所,因为可以在家属的陪同下进入,可方便各类人群的使用。《国家旅游局办公室关于加快推进第三卫生间(家庭卫生间)建设的通知》(旅办发〔2016〕314号)指出"第三卫生间是在厕所中专门设置的、为行为障碍者或协助行动不能自理的亲人(尤其是异性)使用的卫生间。"此概念的提出是为解决一部分特殊对象(不同性别的家庭成员共同外出,其中一人的行动无法自理)上厕不便的问题,主要是指儿女协助老年父母、父母协助小孩等。

根据上述两个文件的规定,本书认为第三卫生间(见图4-1)属于无障碍卫生间的一种,是要求更高的无障碍卫生间，因为它们功能相同，均是供行动障碍者使用、不分性别的卫生间。在建筑要求上，家庭卫生间也要遵守无障碍卫生间的设计规范。不过，第三卫生间比无障碍卫生间的功能更广，第三卫生间的内部设施应包括成人坐便位、儿童坐便位、儿童小便位、成人洗手盆、儿童洗手盆、有婴儿台功能的多功能台、儿童安全座椅、安全抓杆、挂衣钩和呼叫器。家庭卫生间在无障碍卫生间的基础上还考虑到了儿童的需求。

图 4-1　第三卫生间（家庭卫生间）的标识①

在现实生活中，有一些因使用卫生间发生的矛盾，例如，2023 年，一女子发现一名 6 岁男童在女卫生间如厕，女子表示这里是女厕所，男童不能进来。随后，男童的家长认为该女子此举对孩子造成伤害，将其堵住要求道歉，双方因此在卫生间内发生激烈争执。② 类似的情况并不少见，2022 年，一位母

---

① 图片来源：《国家旅游局办公室关于加快推进第三卫生间（家庭卫生间）建设的通知》（旅办发〔2016〕314 号），2016 年 12 月 2 日发布。
② 参见《"宝妈带男童进女厕"频惹争议 专家呼吁未来可考虑增设儿童卫生间》，载《法治日报》2023 年 2 月 9 日。

亲将上幼儿园的儿子带入公共女浴室，遭到其他顾客投诉；①事实上，不仅父母带孩子出行时会遇到麻烦，儿女陪伴行动不便的异性父母如厕时也会遇到相似的问题。这些情况都反映出第三卫生间的数量不足、公众使用第三卫生间的意识不足，加强第三卫生间建设有其必要性。

43. 哪些场合应当设置无障碍卫生间？

《建筑与市政工程无障碍通用规范》（GB 55019—2021）第 3.2.4 条规定："公共建筑中的男、女公共卫生间（厕所），每层应至少分别设置 1 个满足无障碍要求的公共卫生间（厕所），或在男、女公共卫生间（厕所）附近至少设置 1 个独立的无障碍厕所。"根据住房和城乡建设部发布的《城市公共厕所设计标准》（CJJ 14—2016）要求，"城市中的一类固定式公共厕所，二级及以上医院的公共厕所，商业区、重要公共设施及重要交通客运设施区域的活动式公共厕所"，均应设置第三卫生间。在旅游场景中，国家旅游局办公室发布文件，要求"所有 5A 级旅游风景区必须具备第三卫生间，提倡其他旅游

---

① 参见《数量不够、意识不足？专家：可将无障碍卫生间和第三卫生间合并》，载央广网，https://news.cnr.cn/dj/20230203/t20230203_526143718.shtml，2024 年 8 月 14 日访问。

景区及旅游场所建设第三卫生间，鼓励有条件的地方全面推进第三卫生间建设。"①

● 关于无障碍卫生间的讨论

目前无障碍卫生间的使用频率不高，还有不少人担心无性别区别带来的不方便，例如担心偷拍、没有性别区分而导致卫生安全、混用不卫生/尴尬/有风险、厕位设置不合理，等等。②

44. 关于药品说明书有哪些无障碍相关规定？

药品说明书应当有语音、大字、盲文、电子等无障碍格式版本，方便老年人、视力障碍者阅读。简化版、大字版的药品说明书应当清晰易辨，方便老年人、盲人和其他有视力障碍患者用药。"持有人可以在药品最小销售单元包装或者纸质药品说明书上印制条形码或者二维码，通过扫码可以获得电子药品说明书（完整版）……内容应当准确并与药品监管部门核准的最新版本药品说明书一致。"③

---

① 《国家旅游局办公室关于加快推进第三卫生间（家庭卫生间）建设的通知》（旅办发〔2016〕314号），2016年12月2日发布。

② 参见《世界厕所日｜青禾无性别厕所调研出炉：超70%的参与者在一个月内从未使用过无性别厕所》，载微信公众号"青禾社工"，2023年11月19日发布，2024年8月14日访问。

③ 《药品说明书适老化及无障碍改革试点工作方案》，国家药品监督管理局公告2023年第142号，2023年10月31日发布，2024年8月14日访问。

● 法律规定

《无障碍环境建设法》第三十七条第一款规定:"国务院有关部门应当完善药品标签、说明书的管理规范,要求药品生产经营者提供语音、大字、盲文、电子等无障碍格式版本的标签、说明书。"

● 立法信息

《无障碍环境建设法(草案)》二次审议稿第三十七条规定,国家鼓励食品、药品等商品生产经营者在商品外部包装配置盲文、大字、语音说明书。有的常委委员和社会公众提出,商品尤其是药品的说明书字体小、阅读不方便的问题较为突出,建议进一步完善相关规定。宪法和法律委员会经研究,建议修改为:"国家鼓励食品、药品以及其他商品的生产经营者提供语音、大字、盲文等无障碍格式版本的标签、说明书,方便残疾人、老年人识别和使用。"[①]

《无障碍环境建设法(草案)》三次审议稿审议过程中,有些常委委员提出,药品直接涉及人民群众生命健康,有必要对药品无障碍格式版本的标签、说明书提出更为明确的要求。

---

① 《全国人民代表大会宪法和法律委员会关于〈中华人民共和国无障碍环境建设法(草案)〉审议结果的报告》,载中国人大网,http://www.npc.gov.cn/npc/c2/c30834/202306/t20230628_430336.html,2024年8月14日访问。

宪法和法律委员会经研究，建议修改有关规定，明确："国务院有关部门应当完善药品标签、说明书的管理规范，要求药品生产经营者提供语音、大字、盲文、电子等无障碍格式版本的标签、说明书。"①

为优化药品说明书管理，解决药品说明书"看不清"等问题，2023年10月31日，国家药品监督管理局发布了《药品说明书适老化及无障碍改革试点工作方案》（2023年第142号）。根据该方案，为推进相关配套规范性文件起草制定工作，在国家药品监督管理局的部署下，2023年11月，药审中心制定并发布了《药品说明书（简化版）及药品说明书（大字版）编写指南》和《电子药品说明书（完整版）格式要求》，为药品说明书进行无障碍改造提供了操作方案。

【案例4-2】

江苏省××市检察机关督促推动药品说明书适老化改造行政公益诉讼案②

2022年2月18日，江苏省××市××区人民检察院（以下简称区检察院）通过召开公益诉讼问需会、开展问卷调查、

---

① 《全国人民代表大会宪法和法律委员会关于〈中华人民共和国无障碍环境建设法（草案三次审议稿）〉修改意见的报告》，载中国人大网，http：//www.npc.gov.cn/npc/c2/c30834/202306/t20230628_430335.html，2024年8月14日访问。

② 参见中华人民共和国最高人民检察院：《无障碍环境建设检察公益诉讼典型案例》，https：//www.spp.gov.cn/xwfbh/dxal/202311/t20231113_633718.shtml，2024年8月24日访问。

随机访谈、抽样调查等方式发现,药品说明书的字号过小,易增加老年人阅读障碍。因案涉面较广,江苏省××市人民检察院(以下简称市人民检察院)对该线索提级办理,于2022年4月2日立案。市人民检察院经审查认为,《中华人民共和国药品管理法》《药品说明书和标签管理规定》中虽未对药品说明书的字体字号有明确规定,但明文规定药品说明书和标签中的文字应当"清晰易辨"。《药品经营质量管理规范》要求零售药店提供用药咨询、指导合理用药等药学服务。根据《药品管理法》《消费者权益保护法》及行政机关职能配置,江苏省药品监督管理局××市检查分局(以下简称省药监局分局)和市、区市场监督管理局分别对药品生产环节、销售环节负有监管职责。2022年4月12日,××市两级检察机关召开药品说明书适老化改造公益诉讼圆桌会议,邀请市、区人大代表、政协委员、人民监督员及本地三家药企相关负责人围绕开展药品说明书适老化改造、提升药品零售药店药事服务水平等展开讨论。会议认为,药品说明书的主要作用是指导患者安全用药,在全面专业载明法律法规要求的药品信息外,更应考虑内容的可读性、可视性。2022年4月20日,市检察院、××区检察院决定分别向省药监局分局,××市、区市场监督管理局制发诉前检察建议:建议省药监局分局在现有法律规定和不大幅增加印刷成本的前提下,推动本地药企开展药品说明书适老化改造工作;建议市、区市场监督管理局优化零售药店服务,推出提供药品说明书放大版复印件、用法用量便笺等便民措施。各行政机关收到检察建议后高度重视,结合各自职能积极推动整改。

省药监局分局专门召开座谈会，确定当地 3 家药企各选取一种非处方药的药品说明书，采取放大字号、加粗字体或加下划线等方式开展信息无障碍改造试点；市、区两级市场监督管理部门在辖区内 39 家药品零售药店设立药事服务台，通过制定药学服务公约、设立专门服务台，配置打印机，提供放大版药品说明书、老花镜、过期药品回收箱等措施，开展药事服务台试点。2022 年 6 月，市检察机关邀请市、区人大代表、政协委员、人民监督员及"益心为公"志愿者对整改情况进行"回头看"，发现部分药品说明书已进行修订，群众对药品说明书适老化改造整改反响较好，相关试点工作正有序推进。目前，辖区内 4 家药企主动将药品说明书适老化改造纳入年度工作计划，已完成 5 份药品说明书的适老化改造工作。在纸张大小不变的前提下，药企通过调整排版布局、单面变双面印刷等方式，对字体进行全面放大，不断满足老年人等特定群体的无障碍阅读需求。

45. 临时占用无障碍设施，应该采取什么措施？

因特殊情况临时占用无障碍设施的，首先，应当发布公告，其次，应当设置护栏、警示标志或者信号设施，再次，应采取必要的替代性措施，最后，临时占用期满，应当及时恢复原状。设置临时无障碍设施不符合建设标准的，应承担相应的法律责任，例如责令改正、罚款。

● 法律规定

《无障碍环境建设法》第二十八条规定:"任何单位和个人不得擅自改变无障碍设施的用途或者非法占用、损坏无障碍设施。因特殊情况临时占用无障碍设施的,应当公告并设置护栏、警示标志或者信号设施,同时采取必要的替代性措施。临时占用期满,应当及时恢复原状。"

《无障碍环境建设法》第六十五条规定:"违反本法规定,有下列情形之一的,由住房和城乡建设、民政、交通运输等相关主管部门责令限期改正;逾期未改正的,对单位处一万元以上三万元以下罚款,对个人处一百元以上五百元以下罚款:(一)无障碍设施责任人不履行维护和管理职责,无法保障无障碍设施功能正常和使用安全;(二)设置临时无障碍设施不符合相关规定;(三)擅自改变无障碍设施的用途或者非法占用、损坏无障碍设施。"

46. 政府应当为残疾人获取公共信息提供哪些便利?

政府公开的相关信息一般事关民生福祉,需要针对残疾人、老年人的不同需求提供无障碍的信息交流方式,为其获取相关信息提供便利。例如,为视力障碍者提供大字、盲文、有声版本的信息，为手语使用者提供手语版本的信息、为智力障碍者提供简易版本信息等。

● **法律规定**

《无障碍环境建设法》第二十九条规定："各级人民政府及其有关部门应当为残疾人、老年人获取公共信息提供便利；发布涉及自然灾害、事故灾难、公共卫生事件、社会安全事件等突发事件信息时，条件具备的同步采取语音、大字、盲文、手语等无障碍信息交流方式。"

《残疾人保障法》第五十四条第二款规定："各级人民政府和有关部门应当采取措施，为残疾人获取公共信息提供便利。"

47. 有哪些针对快递服务无障碍的相关规定？

快递具有便捷性和高效性，已成为现代人生活中不可缺少的一环。目前，残疾人、老年人依然可能因行动不便无法到驿站自取快递，面临收寄不便的问题。《无障碍环境建设法》鼓励快递行业提供无障碍服务，为行动不便的残疾人、老年人提供上门收寄服务。

● 法律规定

《无障碍环境建设法》第四十五条第二款规定:"国家鼓励邮政、快递企业为行动不便的残疾人、老年人提供上门收寄服务。"

48. 应急避难中有哪些无障碍相关规定?

残疾人、老年人在紧急情况下往往更加脆弱,我国法律确保其在紧急情况下获得适当的帮助。首先,在国家层面,法律规定为残疾人、老年人提供辅助设备,应急避难场所的管理人应当视情况设置语音、大字、闪光等提示装置,以便残疾人、老年人等群体能在应急避难的场景下及时接收预警信号。其次,有些地方的政府规章要求制定专门的应急预案,将残疾人、老年人的需求考虑在内。最后,一些地方的政府规章要求对工作人员进行无障碍服务技能培训,以确保残疾人和老年人能够在紧急情况下得到所需的支持。

● 法律规定

《无障碍环境建设法》第四十七条规定:"应急避难场所的管理人在制定以及实施工作预案时,应当考虑残疾人、老年人的无障碍需求，视情况设置语音、大字、闪光等提示装置，完善无障碍服务功能。"

《上海市无障碍环境建设与管理办法》第四十二条规定："城市应急避难场所的维护管理单位应当制定实施针对残疾人、老年人等社会成员的应急避难工作预案，完善城市应急避难场所无障碍服务功能，并对相关工作人员进行无障碍服务培训。"

《四川省无障碍环境建设管理办法》第三十八条规定："城市应急避难场所管理单位应当制定残疾人、老年人等社会成员应急避难预案，完善应急避难场所的无障碍服务功能，并对工作人员进行无障碍服务技能培训。"

● 立法信息

在《无障碍环境建设法》草案审议过程中，有一种意见是应将第四十七条的"视情况"删除，强制应急避难场所的管理人设置语音、大字、闪光等提示装置。考虑到突发事件的特殊紧迫性，强制应急避难场所的管理人采取所有的提示装置，不符合实际情况，全国人大宪法和法律委员会研究之后，没有采纳这一建议。最终，法律规定，应急避难场所的管理人可以根据突发事件的紧迫情况和实际条件，选择合理必要的提示装置。[1]

---

[1] 张勇、程凯：《中华人民共和国无障碍环境建设法释义》，中国法制出版社2023年版，第144页。

【案例 4-3】

浙江省××市人民检察院督促健全 120 急救调度系统文字报警功能行政公益诉讼案①

2021 年 1 月,浙江省××市人民检察院(以下简称市检察院)收到群众反映线索,称辖区 120 急救调度系统仅能够接收电话呼救,对听力障碍、言语障碍群体自主报警造成客观障碍,生命健康安全难以有效保障,遂立案审查。市检察院赴医疗急救指挥中心进行调查核实,查明该中心负责市域医疗急救指挥的统一调度工作,日常使用的急救调度系统"安克 120 院前调度系统 V7.0 标准版"仅具备普通来电、110 联动、122 联动等电话呼救功能,不具备文字报警功能,违反了《无障碍环境建设条例》第二十四条、《浙江省实施〈无障碍环境建设条例〉办法》第十七条第四款等规定。市卫生健康局作为辖区医疗服务行业监督管理部门,存在未依法履职情形,致使社会公共利益受到侵害。

市检察院针对医疗急救系统增设文字信息报送和文字呼叫功能的必要性与完善路径问题,组织召开公开听证会,邀请残疾人联合会、老年人协会等社会组织代表,卫生、财政等有关职能部门以及人大代表、政协委员、人民监督员、无障碍环境

---

① 参见中华人民共和国最高人民检察院:《残疾人权益保障检察公益诉讼典型案例》,https://www.spp.gov.cn/spp/xwfbh/wsfbt/202205/t20220513_556792.shtml,2024 年 8 月 24 日访问。

建设专家等参会，各方充分发表意见建议，一致认为，120急救调度系统文字报警功能的建设是保障听力障碍、言语障碍群体及其家属生命健康权益的重要举措，完善医疗急救文字报警系统建设确有必要。听证会结束后，市检察院向市卫健局送达诉前检察建议，建议其督促市医疗急救指挥中心尽快完善呼救系统相关功能，切实保护特定群体合法权益。2021年3月，市卫健局向检察机关作出书面回复，表示已积极联系调度系统设计研发公司完善软件开发，文字报警功能即将上线。同年4月1日，"互联急救"平台正式启动，市检察院邀请人大代表、医疗行业专家、有特殊需求的群体代表等参与平台运行调试。经验收，"互联急救"目前已具备"一键呼救"的便捷操作功能，并能实时定位注册患者，有效提升调度救援效率，市民亦可发送文字内容至指定号码实现文字报警。

【案例4-4】

湖北省××县人民检察院督促完善120医疗急救呼叫系统无障碍功能行政公益诉讼案[①]

2023年5月，湖北省××县人民检察院（以下简称县检察院）在开展无障碍环境建设公益诉讼专项监督活动中发现本案线索，遂于2023年5月18日决定立案调查。根据《无障碍环

[①] 参见中华人民共和国最高人民检察院：《无障碍环境建设检察公益诉讼典型案例》，https://www.spp.gov.cn//xwfbh/dxal/202311/t202311-13_633718.shtml，2024年8月24日访问。

境建设条例》《湖北省无障碍环境建设管理办法》等相关规定，县卫生健康局（以下简称县卫健局）系辖区内医疗卫生服务行业监督管理部门，负有相应监管职责。2023年5月22日，县检察院组织召开公开听证会，邀请县卫健局、县残疾人联合会（以下简称县残联）以及人大代表、人民监督员等参加，就完善"120"医疗急救呼叫系统无障碍功能研究整改方案，最终形成一致结论意见，由县卫健局督促县急救中心健全"120"文字报警功能，县残联协助推广新应用。县检察院根据公开听证会形成的结论意见向县卫健局发出诉前检察建议，要求其督促县急救中心完善"120"医疗急救呼叫系统的文字信息报送和文字呼救功能，保障特定群体合法权益。

收到检察建议书后，卫健局向县急救中心下达"转办函"，提出了明确整改措施，要求其健全"120"文字报警功能。2023年7月，县急救中心开通了短信文字报警求救功能和"微信信息＋定位"报警求救功能，听力、言语障碍人士可以发送求救短信至指定号码或者添加指定微信号发送求救信息，"120"调度员接到文字报警信息后及时调度进行救护。县急救中心通过公众号和官方网站公布了文字报警操作方法，县残联也在听力、言语障碍人士群体中积极推广应用。县检察院全程跟进监督，确认"120"医疗急救呼叫系统的文字报警功能已能正常使用，为听力、言语障碍等特定群体提供文字信息报送和文字呼救功能。

49. 残疾人是否享有选举权和被选举权？

《中华人民共和国宪法》第三十四条规定："中华人民共和国年满十八周岁的公民，不分民族、种族、性别、职业、家庭出身、宗教信仰、教育程度、财产状况、居住期限，都有选举权和被选举权；但是依照法律被剥夺政治权利的人除外。"因此，只要是年满十八周岁的中国公民，且未被剥夺政治权利，就享有选举权和被选举权。因此，残疾人享有选举权和被选举权，但在实际生活中，有一部分残疾人由于身体和环境条件限制，其法定权利无法便利实现。为保障残疾人选举权的实现，我国法律规定组织选举的部门和单位应当为残疾人、老年人参加投票提供便利，例如有条件的部门应当为盲人选举提供盲文选票。

● 法律规定

《残疾人保障法》第六条第一款规定："国家采取措施，保障残疾人依照法律规定，通过各种途径和形式，管理国家事务，管理经济和文化事业，管理社会事务。"

《残疾人保障法》第五十六条规定："组织选举的部门应当为残疾人参加选举提供便利；有条件的，应当为盲人提供盲文选票。"

《无障碍环境建设法》第四十八条规定:"组织选举的部门和单位应当采取措施,为残疾人、老年人选民参加投票提供便利和必要协助。"

● 立法信息

《无障碍环境建设法(草案)》审议过程中,有的常委员提出,草案一些规定与其他法律规定不一致,也不符合实践中的实际做法。宪法和法律委员会经研究,建议作以下修改:与选举法等规定一致,将草案第四十条修改为:"组织选举的部门和单位应当采取措施,为残疾人、老年人等选民参加投票提供便利和必要协助。"[①]

50. 如何为不适应智能化设施的群体提供服务?

智能化设施与服务已经广泛运用到人们的日常生活中,但尚有一部分群体无法适应这一技术革新。为了满足不同群体的需求,一方面需要加强现有技术的可及性,对技术进行无障碍、适老化改造。另一方面,需要保留传统的人工窗口,例

[①] 《全国人民代表大会宪法和法律委员会关于〈中华人民共和国无障碍环境建设法(草案)〉修改情况的汇报》,载中国人大网,http://www.npc.gov.cn/c2/c30834/202306/t20230628_430332.html,2024年8月14日访问。

如,现金结算、人工挂号、人工咨询、人工打印材料等,同时把更多的年轻人导向信息化智能终端,把传统人工窗口资源向老年人等不适应智能化无障碍设施的群体倾斜。

● **法律规定**

《无障碍环境建设法》第三十九条规定:"公共服务场所应当配备必要的无障碍设备和辅助器具,标注指引无障碍设施,为残疾人、老年人提供无障碍服务。公共服务场所涉及医疗健康、社会保障、金融业务、生活缴费等服务事项的,应当保留现场指导、人工办理等传统服务方式。"

【案例 4-5】

医院采取的传统服务方式案例

××医院采取的传统服务方式有:(1)保留现场号源,在提倡全预约制就医时代,仍分配 10% 号源给当日挂号窗口,方便老年患者挂号。(2)保留人工窗口,利用信息化改造把更多年轻患者导向信息化智能终端,把实名制建档、挂号缴费等人工窗口资源向老年人倾斜。(3)保留现金结算,在智能支付时代,所有结算窗口均可接收现金,方便老年患者缴费。

【案例 4-6】

浙江省××市人民检察院督促整治信息无障碍环境行政公益诉讼系列案①

2021年1月14日,浙江省××市人民检察院(以下简称市检察院)在全市部署开展信息无障碍领域检察公益诉讼专项监督行动,聚焦出行、办事、文化等涉及残疾人、老年人日常生活的高频事项和服务场景中存在的信息无障碍环境建设违法问题,开展重点监督。市检察院指导辖区各基层检察院根据《中华人民共和国残疾人保障法》《无障碍环境建设条例》等相关规定,向相关区县的市场监管、卫生健康、公安等职能部门发出诉前检察建议8件,督促其依法全面履行监管职责,及时整改违法情形,并启动专项排查。××市X区部分景点升级预约售票服务,增设现金服务窗口,优化志愿帮扶,全方位保障各类游客游览需求。××市A、B、C区三地督促更新升级198座公共停车场自动收费系统,登记残疾人车辆信息1243条,完善政府定价管理停车场停车收费系统定期更新机制,推动残疾人停车优惠政策落地落实。D区部分社区卫生服务中心改进

---

① 参见中华人民共和国最高人民检察院:《最高检发布无障碍环境建设公益诉讼典型案例》,https://www.spp.gov.cn/xwfbh/wsfbh/202105/t20210514_518136.shtml,2024年8月24日访问。

收费方式，并通过专项摸排在全区各社区卫生服务中心增设老年人优先窗口、人工服务窗口、导医台及志愿者就医指导服务，方便"无码老人"就医需求。

【案例 4-7】

重庆市××区人民检察院督促整治餐饮服务场所强制扫码点餐行政公益诉讼案①

扫码点餐是餐饮行业推动消费升级、降低经营成本的创新举措，但可能影响老年人等特定群体合法权益。2023 年 2 月，重庆市××区人民检察院（以下简称区检察院）发现 12 家餐饮商家存在不提供人工点餐、点餐前须关注商家微信公众号、注册时收集手机号码等情形。2023 年 5 月 23 日，区检察院组织召开公开听证会，邀请从事消费者权益保护法、个人信息保护法领域研究的 3 名资深教授作为听证员。听证员一致表示，强制扫码点餐问题侵害老年人等特定群体的合法权益，同时危及众多消费者的个人信息安全，消费者自身维权难度大，应督促行政机关推动整改。2023 年 5 月 29 日，区检察院根据《个人信息保护法》《消费者权益保护法》《重庆市无障碍环境建设与

---

① 参见中华人民共和国最高人民检察院：《无障碍环境建设检察公益诉讼典型案例》，https://www.spp.gov.cn/xwfbh/dxal/202311/t20231113_633718.shtml，2024 年 8 月 24 日访问。

管理规定》的相关规定,向区市场监督管理部门发出诉前检察建议,督促其对商家强制推行扫码点餐、侵害消费者权益和过度收集个人信息的行为进行查处。同时,区检察院结合查证事实,与该地区酒店餐饮行业协会进行座谈交流,建议开展餐饮行业自律规范工作。区市场监督管理部门收到检察建议后,对涉案的 12 个餐饮商家立案查处,责令商家规范使用扫码点餐,保留纸质菜单并提供人工点餐服务;针对强制扫码点餐和不提供纸质菜单等共性问题开展专项排查整治,对全区餐饮单位进行排查,发出责令改正通知书 20 份,约谈企业 10 家。

51. 辅具生产者要承担哪些产品责任?

辅具生产者除遵守相关的产品生产的国家标准、地方标准、行业标准之外,还要承担产品责任。产品责任的相关规定集中在《民法典》《中华人民共和国消费者权益保护法》《中华人民共和国产品质量法》中。除了生产的辅具要符合质量标准、接受行政机关的审查之外,辅具生产者还要事先告知消费者产品使用的方法、可能出现的风险和防范方法,若在使用过程中产品出现质量问题造成人身或财产损害,生产者需要承担侵权责任、履行召回义务。

【案例 4-8】

康复器具公司侵权责任纠纷案①

王某某因交通事故手术截肢，向某康复器具公司购买假肢产品。2016年4月25日，双方签署"产品配置单"，约定由某康复器具公司为王某某提供假肢产品，并根据王某某的个人适应性提供修正装配方案以及终身免费调整、保养、维修等专业技术服务。某康复器具公司根据王某某情况先为其装配了临时假肢，王某某支付相应了价款。2017年4月18日，王某某因左下肢残端溃烂住院治疗。王某某称其安装假肢后不到十天出现溃疡，向某康复器具公司业务员反映情况，对方称需磨合，慢慢会好，故未及时入院治疗。王某某起诉请求某康复器具公司赔偿其购买假肢费用、医疗费，以及住院伙食补助费、营养费、护理费、交通费。北京市××区人民法院经审理认为，某康复器具公司未向王某某提供足够的假肢佩戴指导和跟踪服务，导致王某某在使用假肢的过程中出现残端溃烂的损害后果，应对王某某的损害后果承担侵权责任，遂判决某康复器具公司退还王某某假肢款，并赔偿王某某医疗费、住院伙食补助费、护理费、营养费、交通费。二审双方调解结案。

---

① 参见中国法院网：《最高人民法院 中国残疾人联合会共同发布残疾人权益保护十大典型案例》，https://www.chinacourt.org/article/detail/2021/12/id/6410441.shtml，2024年8月23日访问。

【案例 4-9】

产品责任纠纷损害赔偿案[①]

2015 年 8 月某日,北京市××区××村的残疾老人陈某某到村医务室量血压,在乘坐电动轮椅代步车行至村医务室门口不远处时,代步车前叉脱落,致陈某某摔倒受伤。事发后,陈某某被送往医院,经诊断陈某某双侧股骨髁上骨折,住院治疗包含购买辅助矫形器等在内花费 10 万元。造成陈某某受伤的代步车是其亲属于 2012 年在北京某医疗器械公司的销售门店购买的,由上海某康复设备公司生产。鉴定机构出具鉴定意见为:陈某某双侧股骨髁上粉碎性骨折畸形愈合分别构成九级伤残,综合评定为八级伤残,赔偿指数为 30%,误工期为 180 日,护理期为 120 日,营养期为 90 日。陈某某以产品生产者责任纠纷为由,将代步车的销售者北京某医疗器械公司和生产者上海某康复设备公司起诉到北京市××区人民法院。

一审法院认为:生产者应当对其生产的产品质量负责,产品质量不应存在危及人身、财产安全的不合理的危险;因产品存在缺陷造成人身、缺陷产品以外的其他财产损害的,生产者应当承担赔偿责任。本案中,上海某康复设备公司生产的代步车在原告陈某某使用期间发生前叉脱落,且尚在质量保证期内,该脱落情况可以说明上海某康复设备公司的该产品存在质

[①] 司法行政(法律服务)案例库,案件号 BJFYGL1558336966。

量缺陷，其应就原告陈某某的合理损失予以赔偿。考虑到被告公司在产品所附说明书上写明使用时应扣上安全带，原告陈某某未扣安全带的行为可能是造成其人身损害的原因之一，故原告自身存在一定的过错，法院酌定上海某康复设备公司承担80％的责任。据此判决被告上海某康复设备公司于本判决生效后七日内赔偿原告陈某某医疗费、急救费、辅助器具费等共计36万元。一审判决后，被告上海某康复设备公司不服，提起上诉和再审。二审法院驳回上诉，维持原判。北京市高级人民法院经过再审审查，认为原审事实认定正确，程序正当，不存在程序违法的情形，裁定驳回上海某康复设备公司的再审申请。

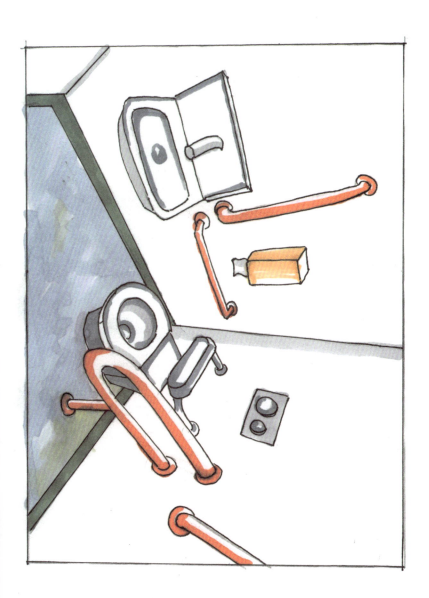

第五章

·

教育领域的无障碍

52. 残疾人可以在普通学校就读吗？

残疾人既可在特殊学校就读，也可在普通学校就读，具体要根据接受教育的情况而定，需要根据学生的需求和情况选择合适的教育场所。学校不得以残疾为由拒绝接收学生，相反，学校应加强无障碍环境建设，为有障碍的学生创造适合的学习条件，完善无障碍设施，保障他们的受教育权平等地实现。

● 法律规定

《残疾人教育条例》（2017年修订）第七条规定："学前教育机构、各级各类学校及其他教育机构应当依照本条例以及国家有关法律、法规的规定，实施残疾人教育；对符合法律、法规规定条件的残疾人申请入学，不得拒绝招收。"

《残疾人教育条例》（2017年修订）第十六条第一款规定："县级人民政府应当根据本行政区域内残疾儿童、少年的数量、类别和分布情况，统筹规划，优先在部分普通学校中建立特殊教育资源教室，配备必要的设备和专门从事残疾人教育的教师及专业人员，指定其招收残疾儿童、少年接受义务教育；并支持其他普通学校根据需要建立特殊教育资源教室，或者安排具备相应资源、条件的学校为招收残疾学生的其他普通学校提供必要的支持。"

《残疾人教育条例》（2017年修订）第十七条规定："适龄残疾儿童、少年能够适应普通学校学习生活、接受普通教育的，依照《中华人民共和国义务教育法》的规定就近到普通学校入学接受义务教育。适龄残疾儿童、少年能够接受普通教育，但是学习生活需要特别支持的，根据身体状况就近到县级人民政府教育行政部门在一定区域内指定的具备相应资源、条件的普通学校入学接受义务教育。适龄残疾儿童、少年不能接受普通教育的，由县级人民政府教育行政部门统筹安排进入特殊教育学校接受义务教育。适龄残疾儿童、少年需要专人护理，不能到学校就读的，由县级人民政府教育行政部门统筹安排，通过提供送教上门或者远程教育等方式实施义务教育，并纳入学籍管理。"

《残疾人教育条例》（2017年修订）第十八条规定："在特殊教育学校学习的残疾儿童、少年，经教育、康复训练，能够接受普通教育的，学校可以建议残疾儿童、少年的父母或者其他监护人将其转入或者升入普通学校接受义务教育。在普通学校学习的残疾儿童、少年，难以适应普通学校学习生活的，学校可以建议残疾儿童、少年的父母或者其他监护人将其转入指定的普通学校或者特殊教育学校接受义务教育。"

《残疾人教育条例》（2017年修订）第十九条规定："适龄残疾儿童、少年接受教育的能力和适应学校学习生活的能力应当根据其残疾类别、残疾程度、补偿程度以及学校办学条件等因素判断。"

《无障碍环境建设法》第四十三条规定："教育行政部门

和教育机构应当加强教育场所的无障碍环境建设,为有残疾的师生、员工提供无障碍服务。国家举办的教育考试、职业资格考试、技术技能考试、招录招聘考试以及各类学校组织的统一考试,应当为有残疾的考生提供便利服务。"

【案例 5-1】

重庆市××区人民检察院督促保护残疾未成年人受教育权行政公益诉讼案①

重庆市××区的未成年人罗某某原就读于××区某小学,2017 年因意外事故致使下肢瘫痪申请休学治疗,至 2019 年休学期满,罗某某病情已稳定,在家疗养,其家长未向学校申请延长休学,原就读学校也未积极组织劝返复学,亦未根据实际情况开展送教上门,致使罗某某长期未接受义务教育。2021 年,重庆市××区人民检察院(以下简称区检察院)在开展残疾人权益保护专项行动过程中发现本案线索,遂统筹公益诉讼检察部门、未成年人检察部门成立联合办案组立案调查。通过全面调查,区检察院查明辖区内存在多名适龄残疾未成年人未入学或未按期复学接受义务教育的情况,部分学校未按要求对不宜到学校随班就读的残疾学生提供送教上门。

---

① 参见中华人民共和国最高人民检察院:《残疾人权益保障检察公益诉讼典型案例》,https://www.spp.gov.cn/xwfbh/dxal/202205/t20220513_556819.shtml,2024 年 8 月 23 日访问。

依据《中华人民共和国未成年人保护法》等相关法律规定，区检察院向区教委发出残疾人受教育权保护行政公益诉讼诉前检察建议，针对调查发现的部分适龄残疾未成年人未被纳入学籍管理、送教上门不规范以及盲人儿童就近入学难等问题，建议区教委依法全面履职，保障相关残疾未成年人受教育的权利，完善特殊教育保障体系，以点带面推动辖区内残疾未成年人受教育权相关问题的全面整治。检察建议发出后，区教委高度重视，成立整改领导小组，详细制定整改方案，在全区范围内开展控辍保学工作专项督查整治行动，建立工作台账、摸清情况底数。区教委书面回复检察建议，在秋季开学时已对清理出未入学的79名适龄残疾儿童全部完成安置，以"全覆盖、零拒绝"要求，多方协调解决4名康复治疗的学生和2名盲人儿童就近入学难问题，率先在全市探索因地制宜、因人施策解决送教上门质效问题。在区检察院、区教委和区残联共同推动下，区未成年人保护工作领导小组出台关于加强残疾儿童少年送教上门、随班就读工作机制，进一步压实教委、民政、团委等相关部门及村社、学校等单位的责任，推动残疾未成年人接受义务教育问题长效治理。区检察院联合区妇联对部分监护职责履行不到位的家庭，进行家庭教育指导；联合民政部门引入社工帮扶和慈善资金，形成多方社会力量协同关爱残疾人的工作局面。

53. 残疾人参加普通高考有哪些合理便利？

残疾人符合报名条件的，可以参加普通高考。教育部、中国残联 2017 年发布的《残疾人参加普通高等学校招生全国统一考试管理规定》中规定了残疾人在参加普通高考时，教育考试机构应当提供的合理便利，其中考虑到了视力障碍者、听力障碍者和行动不便者的需求，有针对性地规定了诸多措施。

●法律规定

《残疾人参加普通高等学校招生全国统一考试管理规定》第五条规定：

教育考试机构应在保证考试安全和考场秩序的前提下，根据残疾考生的残疾情况和需要以及各地实际，提供以下一种或几种必要条件和合理便利：

（一）为视力残疾考生提供现行盲文试卷、大字号试卷（含大字号答题卡）或普通试卷。

（二）为听力残疾考生免除外语听力考试。

（三）允许视力残疾考生携带答题所需的盲文笔、盲文手写板、盲文作图工具、橡胶垫、无存储功能的盲文打字机、无存储功能的电子助视器、盲杖、台灯、光学放大镜等辅助器具或设备。

（四）允许听力残疾考生携带助听器、人工耳蜗等助听辅听设备。

（五）允许行动不便的残疾考生使用轮椅、助行器等，有特殊需要的残疾考生可以自带特殊桌椅参加考试。

（六）适当延长考试时间：使用盲文试卷的视力残疾考生的考试时间，在该科目规定考试总时长的基础上延长50%；使用大字号试卷或普通试卷的视力残疾考生、因脑瘫或其他疾病引起的上肢无法正常书写或无上肢考生等书写特别困难考生的考试时间，在该科目规定考试总时长的基础上延长30%。

（七）优先进入考点、考场。

（八）设立环境整洁安静、采光适宜、便于出入的单独标准化考场，配设单独的外语听力播放设备。

（九）考点、考场配备专门的工作人员（如引导辅助人员、手语翻译人员等）予以协助。

（十）考点、考场设置文字指示标识、交流板等。

（十一）考点提供能够完成考试所需、数量充足的盲文纸和普通白纸。

（十二）其他必要且能够提供的合理便利。

除此之外，各省也规定了关于残疾考生申请高考合理便利的实施细则，可以在网上查阅。

54. 残疾人如何申请参加普通高考的合理便利?

省级教育考试机构应将残疾人报考办法、途径、针对残疾考生的合理便利措施等纳入当年普通高等学校招生考试报名办法,并提前向社会公布。① 考生可提前查阅高考报考的条件、途径等信息,尤其是注意提交合理便利申请的截止时间、方式以及提交的对象。在高考中,申请合理便利的一般程序包括:(1)按省级教育考试机构规定的时间、地点、方式提出正式书面申请。申请内容应包括本人基本信息、残疾情况、所申请的合理便利以及需自带物品等,并提供本人的第二代及以上"中华人民共和国残疾人证"以及省级教育考试机构规定的有效身份证件的原件和复印件(扫描件)。(2)教育考试机构受理并审核正式申请,由有关招生考试机构、残联、卫生等相关部门专业人员组成专家组,对残疾考生身份及残疾情况进行现场确认,结合残疾考生的残疾程度、日常学习情况、提出的合理便利申请以及考试组织条件等因素进行综合评估,并形成书面评估报告。(3)省级教育考试机构根据专家组评估意见,形成"普通高等学校招生全国统一考试残疾考生申请结果告知书"(以下简称"告知书"),在规定的时限内将"告知书"送达残疾考生,由残疾考生或法定监护人确认、签收。"告知书"内

---

① 《残疾人参加普通高等学校招生全国统一考试管理规定》,第六条。

容应包含残疾考生申请基本情况、考试机构决定的详细内容以及决定的理由与依据、救济途径等。残疾考生对"告知书"内容有异议,可按"告知书"规定的受理时限,向省级教育行政部门提出书面复核申请。省级教育行政部门的复核意见应按相关程序及时送达残疾考生。①

55. 残疾人参加英语水平考试可以申请哪些合理便利?

在英语水平考试中,例如大学英语四六级考试、雅思考试、托福考试,主办单位应当为残疾考生提供相应的合理便利。例如,报名参加四六级考试的残疾考生可以向所在高校申请提供合理便利。合理便利需书面申请,并将正式书面申请材料、本人有效身份证件和"中华人民共和国残疾人证"的复印件(或扫描件)等材料提交至相应考点。若由法定监护人代办,还应提供法定监护人的有效身份证件复印件(或扫描件)及联系方式等。又如,雅思考试的官方网站公布了咨询电话和邮件地址,以方便考生咨询如何进行合理便利的考试安排。雅思特殊考试安排主要包括:为视觉障碍者订制大字试卷、订制盲文试卷(一级点字或二级点字)、提供盲文练习材料、允许考生使用盲文打字软件、提供书记员服务、提供单独专用考场;为听觉障碍考生安排唇读听力考试、提供单独专用考场、

---

① 《残疾人参加普通高等学校招生全国统一考试管理规定》,第七条。

提供配合助听器使用的耳机或者外放设备；允许学习障碍考生使用打字软件、声控软件，提供阅读及写作考试延时、提供单独专用考场。

56. 残疾人参与普通话水平测试的合理便利规定有哪些？

教育部办公厅、中国残联办公厅印发的《视力残疾和听力残疾人员普通话水平测试管理办法（试行）》于 2023 年 10 月 1 日起施行。该办法规定，视力残疾和听力残疾人员可根据自身条件及实际需求参加普通话水平测试。视力残疾人员测试的方式为摸读盲文或识读大字版汉字。参加测试的视力残疾人员应掌握国家通用盲文或规范汉字，具有摸读盲文或识读大字版汉字的能力。听力残疾人员测试的方式为写汉语拼音、写命题说话文本、打手语。参加测试的听力残疾人员应掌握《汉语拼音方案》、国家通用语言文字、《汉语手指字母方案》和国家通用手语，具有书写和手语表达的能力。测试站点应在测试前为应试人提供测试流程和测试方式的培训和导引服务。

57. 相关责任人员拒不提供考试中的无障碍需要承担什么法律责任？

障碍者参加考试申请合理便利未果，可以向教育部门的同级人民政府或者上级主管部门反映，由同级人民政府或者上级主管部门予以批评，并责令改正。拒不改正的，对直接负责的主管人员和其他直接责任人员依法予以处分。

● 法律规定

《无障碍环境建设法》第六十九条规定："考试举办者、组织者未依法向有残疾的考生提供便利服务的，由本级人民政府或者上级主管部门予以批评并责令改正；拒不改正的，对直接负责的主管人员和其他直接责任人员依法给予处分。"

58. 无障碍环境建设相关领域的人才培养机制是什么？

首先，无障碍环境建设离不开专业人才的支持，我国法律鼓励在学校教育中开设无障碍相关专业。其次，为了确保建筑、出行、信息交流等领域的无障碍环境建设，我国法律规定在多个相关学科中增加无障碍环境建设的教育和实践内容，并在相关的考试、培训中增加无障碍环境建设的相关知识。

● 法律规定

《无障碍环境建设法》第五十五条规定，"国家建立无障碍环境建设相关领域人才培养机制。国家鼓励高等学校、中等职业学校等开设无障碍环境建设相关专业和课程,开展无障碍环境建设理论研究、国际交流和实践活动。建筑、交通运输、计算机科学与技术等相关学科专业应当增加无障碍环境建设的教学和实践内容,相关领域职业资格、继续教育以及其他培训的考试内容应当包括无障碍环境建设知识。"

第六章

就业领域的无障碍

59. 残疾人在就业中面临哪些困难?

在就业过程中,残疾人可能面临以下方面的问题:一是用人单位方面,单位可能出于成本考量,不愿雇用残疾人。这也导致在现实中用人单位为了少缴纳残疾人就业保障金,而和残疾人之间存在挂靠现象,表面录用残疾人,但实际上人不在岗。二是在环境方面,就业无障碍环境建设仍不完善,残疾人即使就业也可能因办公环境、通勤环境不便导致非因本人意愿的离职。三是残疾人就业培训无障碍保障缺乏,障碍者自身缺少就业技能培训,缺乏就业能力。

60. 残疾人遭遇就业歧视应该怎么处理?

在招聘过程中,单位可能基于残疾而拒绝录用残疾人;在工作内容上,残疾人在就业中大多从事一些基础性工作;在晋升机会上,残疾人在就业中晋升困难;在工作待遇上,残疾人常常面临同工不同酬的问题。此外,就业单位拒绝提供合理便利,无障碍设施不完善,也构成了对残疾人的就业歧视。

基于残疾的歧视而引发的纠纷,残疾人可以和就业单位协商,协商不成的,可以申请有关单位(如居委会、残联)调解，调解不成还可以申请劳动仲裁或直接提起诉讼。目前，劳动就业诉讼已取消了以仲裁为前置程序的要求。2018年12月最高人民法院《关于增加民事案件案由的通知》第一条规定，在《民事案件案由规定》第一部分"人格权纠纷"的第三级案由"9. 一般人格权纠纷"项下增加一类第四级案由"1. 平等就业权纠纷"。这也意味着在诉讼中，对于就业歧视，通常按照一般人格权侵权处理。

【案例 6-1】

牛某某诉某物流公司劳动合同纠纷案[1]

牛某某为左手大拇指缺失残疾。其2019年10月10日到某物流公司工作，担任叉车工。入职时提交了在有效期内的叉车证，入职体检合格。公司要求填写员工登记表，登记表上列明有无大病病史、家族病史、工伤史、传染病史，并列了"其他"栏。牛某某均勾选"无"。2020年7月4日，某物流公司以牛某某隐瞒持有残疾人证，不接受公司安排的工作为由解除劳动合同。2020年7月10日，牛某某申请仲裁，要求某物流公司支付违法解除劳动合同赔偿金3万元。2020年10月13日，劳动人事争议仲裁委员会裁决某物流公司支付牛某某违法解除劳

---

[1] 参见中国法院网：《最高人民法院 中国残疾人联合会共同发布残疾人权益保护十大典型案例》，https://www.chinacourt.org/article/detail/2021/12/id/6410441.shtml，2024年8月23日访问。

动合同赔偿金 5860 元。牛某某起诉请求某物流公司支付其违法解除劳动合同赔偿金 3 万元。上海市××区人民法院经审理认为,某物流公司招聘的系叉车工,牛某某已提供有效期内的叉车证,入职时体检合格,从工作情况来看,牛某某是否持有残疾人证并不影响其从事叉车工的工作。故某物流公司以牛某某隐瞒持有残疾人证为由解除合同,理由不能成立,其解除劳动合同违法,遂判决某物流公司支付牛某某违法解除劳动合同赔偿金 5860 元。上海市第一中级人民法院维持一审判决。

【案例 6-2】

广东省××市××区人民检察院督促消除残疾人就业歧视行政公益诉讼案①

广东省××市××区人民检察院(以下简称区检察院)与区残疾人联合会会签《关于残疾人权益保护公益诉讼检察的实施意见(试行)》,协同推进辖区残疾人权益保障工作。2022 年以来,双方结合当地的实际情况,联合开展残疾人就业专项调查。经调查查明,多家用人单位在某大型互联网招聘网站上发布的招聘要求中明确要求"无残疾",而上述招聘岗位多为维

---

① 参见中华人民共和国最高人民检察院:《残疾人权益保障检察公益诉讼典型案例》,https://www.spp.gov.cn/xwfbh/dxal/202205/t20220513_556819.shtml,2024 年 8 月 24 日访问。

修、装配、包装等普通工种,且为无学历限制、无经验要求,区检察院认为,法律明确保障残疾人的劳动权利,为残疾人创造就业条件,根据人力资源和社会保障部《就业服务与就业管理规定》第二十条关于"用人单位发布的招用人员简章或招聘广告,不得包含歧视性内容"和《广东省残疾人就业办法》第二条关于"残疾人依法享有平等就业、自主择业和平等获得劳动报酬的权利。禁止在就业中歧视残疾人"等规定,上述招聘广告中所招用的均为一般简单工种,并没有要求掌握特殊技能或者是对身体协调性较强的岗位,应当被认定为就业歧视,损害了残疾人平等就业的合法权益。作为监管部门,××区劳动保障行政部门应当将残疾人就业纳入公共就业服务范围,依法维护残疾人劳动就业权利。2022年4月21日,区检察院及时与区劳动保障行政部门进行磋商,督促其积极履行法定职责,并采取开展专项整治行动、加大普法宣传力度、推动形成保护合力等措施推进整改。目前,相关用人单位已删除平台广告中含有残疾人歧视的相关内容。区残疾人联合会还联合相关部门对150余名残疾人开展就业培训,为90余名残疾人提供就业帮扶服务。

在本案中,用人单位通过互联网招聘平台发布存在歧视残疾人的招聘广告,损害了残疾人平等参与社会生活的合法权益。检察机关充分发挥公益诉讼检察职能,借助与残联组织建立的协作机制,精准督促相关职能部门及时纠正用人单位违法招聘行为,共同维护残疾人的平等就业权。

61. 什么是残疾人按比例就业制度？

《残疾人就业条例》规定，所有的用人单位，包括政府、企事业单位、社会组织，都应当按照一定的比例招聘残疾人，用人单位安排残疾人就业的比例不得低于本单位在职职工总数的1.5％，具体比例由省、自治区、直辖市人民政府根据本地区的实际情况规定。大部分省份沿用了《残疾人就业条例》中关于1.5％的规定，也有一些地区作出了更高的要求，例如新疆维吾尔自治区关于这一比例的规定是2％。未达到当地规定雇用残疾人比例的单位，应当缴纳残疾人就业保障金。

● 法律规定

《残疾人就业条例》第八条规定："用人单位应当按照一定比例安排残疾人就业，并为其提供适当的工种、岗位。……用人单位跨地区招用残疾人的，应当计入所安排的残疾人职工人数之内。"

《残疾人就业条例》第九条规定："用人单位安排残疾人就业达不到其所在地省、自治区、直辖市人民政府规定比例的，应当缴纳残疾人就业保障金。"

62. 雇主是否有义务提供合理便利？

《无障碍环境建设法》中规定了残疾人集中就业单位应当按照有关标准和要求建设和改造无障碍设施。而对于其他用人单位，国家也鼓励和支持用人单位开展就业场所无障碍设施建设和改造，为残疾人职工提供必要的劳动条件和便利。此外，《残疾人就业条例》规定，"用人单位应当为残疾人职工提供适合其身体状况的劳动条件和劳动保护"，也明确规定用人单位应当为残疾人职工提供合理便利的工作条件。

● 法律规定

《无障碍环境建设法》第二十条规定："残疾人集中就业单位应当按照有关标准和要求，建设和改造无障碍设施。国家鼓励和支持用人单位开展就业场所无障碍设施建设和改造，为残疾人职工提供必要的劳动条件和便利。"

《残疾人就业条例》第十三条规定："用人单位应当为残疾人职工提供适合其身体状况的劳动条件和劳动保护，不得在晋职、晋级、评定职称、报酬、社会保险、生活福利等方面歧视残疾人职工。"

63. 残疾人可以考公务员吗？

根据《中华人民共和国公务员法》第十三条之规定，公务员应当具备下列条件："（一）具有中华人民共和国国籍；（二）年满十八周岁；（三）拥护中华人民共和国宪法，拥护中国共产党领导和社会主义制度；（四）具有良好的政治素质和道德品行；（五）具有正常履行职责的身体条件和心理素质；（六）具有符合职位要求的文化程度和工作能力；（七）法律规定的其他条件。"因此，残疾人可以报考公务员。只要具有正常履行职责的身体条件，公务员招录就不应将残疾人排除在外。也有一些公务员岗位专为残疾人设置，只有残疾人可以报考。

残疾人报考公务员应该关注体检要求，根据《公务员录用体检通用标准（试行）》第十一条的规定："有癫痫病史、精神病史、癔病史、夜游症、严重的神经官能症（经常头痛头晕、失眠、记忆力明显下降等），精神活性物质滥用和依赖者，不合格。"该标准第十九条规定："双眼矫正视力均低于4.8（小数视力0.6），一眼失明另一眼矫正视力低于4.9（小数视力0.8），有明显视功能损害眼病者，不合格。"该标准第二十条规定："双耳均有听力障碍，在使用人工听觉装置情况下，双耳在3米以内耳语仍听不见者，不合格。"

第七章

体育、娱乐领域的无障碍环境建设

64. 电视台在播报过程中如何履行无障碍义务？

电视台是人们获取新闻资讯、进行休闲娱乐的重要渠道，在信息交流中扮演着非常重要的角色。残疾人对电视台信息的需求包括字幕、手语、口述音轨等。法律规定"利用财政资金设立的电视台"应当在播出节目时配备相应的同步字幕，而对并非利用财政资金设立的电视台，国家也鼓励配播手语。此外，国家也鼓励公开出版发行的影视类录像制品、网络视频节目加配字幕、手语或者口述音轨。

● 法律规定

《无障碍环境建设法》第三十条规定："利用财政资金设立的电视台应当在播出电视节目时配备同步字幕，条件具备的每天至少播放一次配播手语的新闻节目，并逐步扩大配播手语的节目范围。国家鼓励公开出版发行的影视类录像制品、网络视频节目加配字幕、手语或者口述音轨。"

● 立法信息

《无障碍环境建设法（草案）》提请全国人大常委会初次审议后，在对外征求意见和地方调研过程中，有的单位和社会公众提出,应当将提供无障碍信息交流的电视台的范围从"设区的市级以上人民政府设立的电视台"扩大至"县级以上人民政府设立的电视台";有的单位和地方提出,要求所有的电视台"每天播放至少一次配播手语的新闻节目",现阶段还难以做到,建议增加条件要求,以增强条文的可操作性。结合上述规定和意见建议,本法第三十条第一款进行了如下修改:一是扩大了义务主体的范围,从"设区的市级以上人民政府设立的电视台"到"利用财政资金设立的电视台";二是对配播手语节目的电视台增加了条件要求,从"每天播放至少一次配播手语的新闻节目"到"条件具备的每天至少播放一次配播手语的新闻节目"。①

65. 什么是易读版本?

易读版本是通过使用简单易懂的语言、符号、图片等调整文本信息,让学习障碍者更容易获取信息的一种读物形式。易读版本的目的是使学习障碍者更容易抓取到信息中的关键要点,以便其理解。尽管《无障碍环境建设法》中并未明确提到易读版本,但易读版本的读物是学习障碍者进行阅读、获取信息的重要渠道。

---

① 参见张勇、程凯:《中华人民共和国无障碍环境建设法释义》,中国法制出版社 2023 年版,第 84 页。

66. 什么是无障碍版本的电影？

无障碍版本的电影是在不影响原作品内容的情况下，通过进一步加工，能被视力、听力等障碍者欣赏的电影。例如，采用口述影像的方式使视力障碍者可以欣赏电影，或添加字幕、手语翻译画面，使听力障碍者更好地欣赏电影。

67. 提供无障碍版本的电影是否构成侵权？

《中华人民共和国著作权法》规定，"以阅读障碍者能够感知的无障碍方式向其提供已经发表的作品"的，可以不经著作权人许可，不向其支付报酬，但应当指明作者姓名或者名称、作品名称，并且不得影响该作品的正常使用，也不得不合理地损害著作权人的合法权益。《以无障碍方式向阅读障碍者提供作品暂行规定》也规定，"鼓励出版、电影、广播电视、网络视听等机构为其拥有版权的作品同步制作、提供无障碍格式版。鼓励通过无障碍格式版服务机构制作无障碍格式版并向阅读障碍者或其他无障碍格式版服务机构提供。鼓励通过无障碍格式版跨境交换机构与其他《马拉喀什条约》缔约方的同类机构交换无障碍格式版。"因此，根据法律规定，为满足阅读障碍者的需求，向特定的人提供无障碍版本电影，属于合理使用，不构成著作权侵权，但向不特定公众提供，则属于侵权。

【案例 7-1】

向不特定群体提供无障碍版本电影纠纷案①

张某某享有某影片的独占专有的信息网络传播权。张某某发现，李某某未经授权，擅自通过其开发运营的无障碍影视 APP 向不特定公众提供涉案影片无障碍版的在线播放服务，在涉案影片画面及声效基础上添加相应配音、手语翻译及声源字幕，并在片头片尾添加"中国无障碍电影"字样 LOGO 以及"制作单位：中国盲文出版社"等字样并配有声音朗读。李某某的行为并未影响涉案影片的基本内容和表达，尚未创作出新作品，不属于著作权法意义上的改编。李某某提供无障碍版本电影的行为属于以阅读障碍者能够感知的无障碍方式提供已发表的作品。但是，通过 APP 能够感知涉案无障碍版本影片的群体并不限于阅读障碍者，而是包括不特定的社会公众，影响了张某某通过涉案影片获得的经济利益。因此，李某某的行为不构成合理使用，造成了对著作权人合法权益的损害，应当停止侵权并赔偿张某某的经济损失。

---

① 《未经授权提供无障碍电影在线播放——北京互联网法院：不属于合理使用，构成侵权》，载中国法院网，https://www.chinacourt.org/article/detail/2022/11/id/6991251.shtml，2024 年 8 月 24 日访问。

68. 体育领域的无障碍环境建设存在哪些问题?

具体来说,体育领域的无障碍环境建设包括设施、信息和服务无障碍。体育领域的设施无障碍旨在为残疾人提供适合其身体机能的运动方式,以及为观众提供更可及的体育赛事观看空间。体育领域的信息交流无障碍服务可以让残疾运动员和观众了解比赛规则、得分情况、赛事安排等。体育领域的服务无障碍包括设置低位服务台、人工窗口、绿色通道等,为残疾运动员和观众提供与运动相关的服务。一些大型体育赛事体现了高水平的无障碍环境建设,例如 2022 年北京冬奥会与冬残奥会、2023 年杭州亚运会、亚残运会,对于无障碍观念的宣传起到很大的推动作用,在无障碍环境建设领域也起到了示范作用。但是,总体来看,我国针对残疾人的体育无障碍设施在社区的供给不足,尚不能满足残疾人的日常体育锻炼需求。

69. 公共文化服务场所有义务提供哪些无障碍设施?

博物馆、文化馆、科技馆、图书馆等提供公共文化服务的场所应当为残疾人、老年人等群体提供适合其特点的无障碍设施、无障碍信息和无障碍服务。具体来说,应当符合相关的规范标准,如 2019 年 4 月施行的国家标准《图书馆视障人士服务规范》（GB/T 36719—2018）、2020年12月施行的国家标准《公共图书馆读写障碍人士服务规范》（GB/T 39658—2020）、2021年11月开始施行的国家标准《公共图书馆听障人士服务规范》（GB/T 40952—2021）、2022年4月开始施行的地方标准《公共图书馆老年读者服务规范》（DB34/T 4154—2022）等。

● **法律规定**

《无障碍环境建设法》第三十六条规定："提供公共文化服务的图书馆、博物馆、文化馆、科技馆等应当考虑残疾人、老年人的特点，积极创造条件，提供适合其需要的文献信息、无障碍设施设备和服务等。"

● **立法信息**

《无障碍环境建设法（草案）》审议过程中，部分常委委员提出，草案一些规定与其他法律规定不一致，也不符合实践中的实际做法。宪法和法律委员会经研究建议作以下修改，与公共图书馆法衔接，将草案第三十六条修改为："公共图书馆应当考虑残疾人、老年人等的特点，积极创造条件，提供适合其需要的文献信息、无障碍设施设备和服务等。"[1]

---

[1] 《全国人民代表大会宪法和法律委员会关于〈中华人民共和国无障碍环境建设法（草案）〉修改情况的汇报》，载中国人大网，http://www.npc.gov.cn/c2/c30834/202306/t20230628_430332.html，2024年8月14日访问。

《无障碍环境建设法（草案）》二次审议稿第三十六条按照《中华人民共和国公共图书馆法》的规定作了修改。有的常委委员和社会公众提出，草案也应当与公共文化服务保障法相衔接，进一步扩大提供无障碍信息服务的主体范围。宪法和法律委员会经研究建议，增加"博物馆、文化馆、科技馆"等为残疾人、老年人提供无障碍设施设备和服务的规定。①

【案例 7-2】

公共图书馆无障碍建设状况②

山西省图书馆视障阅览室馆藏盲文图书 5000 余册，大字本图书 200 册，明盲对照儿童读物 200 册，智能听书机 1400 台，有声读物 800 余部，无障碍电影 700 余部。为了更好地为全省视障读者服务，2020 年 10 月，山西省图书馆开通智能听书机邮寄业务，简化办理流程，解决视障读者来馆不便的问题。山西省××市视障读者从某某是首个邮寄服务的受惠者，他"写"了一封字数不多的感谢信，感谢山西省图书馆让他在家不孤单。走进阅览室，一排排盲文图书和大字本整齐摆放，

---

① 《全国人民代表大会宪法和法律委员会关于〈中华人民共和国无障碍环境建设法（草案）〉审议结果的报告》，载中国人大网，http://www.npc.gov.cn/npc/c2/c30834/202306/t20230628_430336.html，2024 年 8 月 14 日访问。

② 参见《山西省图书馆视障公共文化服务：为视障读者打造一个精神家园》，载山西新闻网，http://news.sxrb.com/GB/314078/9721502.html，2024 年 8 月 14 日访问。

地面铺设有盲道，柱体采用软体包装材料，桌椅无棱角，无障碍建设小中见大。在这里，视障读者可以通过盲用点显器、阳光读屏软件使用计算机，盲文刻录机、盲用助视器、有声阅读机、文星扫描棒等设备也成了他们"阅读"世界的好帮手。"十三五"期间，山西省图书馆注册视障读者1070人，借还盲文书3000余册，下载有声资源约1TB，阅览室接待视障读者1500余人，接待电话咨询5000余人次，无障碍电影展播240期，服务覆盖视障人士1.2万人次。

70. 国家如何保障残疾人、老年人的上网便利/权利？

在网络时代，残疾人、老年人使用互联网存在障碍，容易成为"数字弱势群体"。一方面，企业出于成本考虑，认为使用无障碍版本网页的用户数量少，无障碍版本改造成本小于收益，从而放弃制作无障碍版本的应用设计，导致无障碍网络程序供给不足。另一方面，手机、电脑等设备的无障碍模式可能被恶意利用，让木马获取更多的权限，读取屏幕内容，进而模拟用户操作。容易遭受木马软件利用这一因素使无障碍功能成为一个安全漏洞，导致残疾人、老年人在网络时代更加弱势。

网络技术的宗旨是满足更多人的需求，这一宗旨应当得到进一步贯彻落实。具体来说，包括使智能设备具备大屏幕、大字体、大音量、大电池容量、操作简单等更多方便老年人使用的特点，① 以及增加屏幕阅读功能、字幕功能等无障碍功能，使应用程序对于视觉、听觉、身体、语音、认知、语言、学习和神经系统障碍者都更具有可访问性。《互联网应用适老化及无障碍改造专项行动方案》（2020）、《互联网网站适老化通用设计规范》（2021）、《移动互联网应用（APP）适老化通用设计规范》（2021）、《网页内容可访问性指南》（GB/T 29799—2013）、《信息技术 互联网内容无障碍可访问性技术要求与测试方法》（GB/T 37668—2019）、《网站设计无障碍技术要求》（YD/T 1761—2012）、《信息无障碍 视障者互联网信息服务辅助系统技术要求》（YD/T 3076—2016）等众多方案和技术规范也为无障碍网站、服务平台、移动互联网应用程序的建设以及无障碍化改造提供了技术规范支撑。

● **法律规定**

《无障碍环境建设法》第三十二条规定："利用财政资金建立的互联网网站、服务平台、移动互联网应用程序，应当逐步符合无障碍网站设计标准和国家信息无障碍标准。国家鼓励新闻资讯、社交通讯、生活购物、医疗健康、金融服务、学习教育、交通出行等领域的互联网网站、移动互联网应用程序，逐步符合无障碍网站设计标准和国家信息无障碍标准。国家鼓

---

① 参见国务院办公厅：《关于切实解决老年人运用智能技术困难的实施方案》（国办发〔2020〕45号），2020年11月24日发布。

励地图导航定位产品逐步完善无障碍设施的标识和无障碍出行路线导航功能。"

71. 旅游场景中有哪些无障碍相关要求?

目前在全球可持续旅游委员会目的地标准(推荐性的行业标准)中强调"access for all"这一理念,以回应无障碍的相关要求:"在实际可行的情况下,应确保所有人,包括残疾人和其他有特殊需求的人,都可以无障碍地进入景区,使用设施和享受服务,包括那些重要的自然和文化景点。如果景点和设施不能立即解决无障碍问题,则至少要通过设计和执行解决方案为有该类需求的人群提供一定的可进入性。解决方案需要考虑景区体验的完整性以及合理解决该类需求的人群居住使用需求,且目的地应为有该类需求的人群提供有关景点、设施和服务的无障碍信息。"[1] 无障碍旅游不仅需要关注设施改造,还应当将无障碍和自然环境、人文环境相结合,在不破坏美景、人文氛围的前提下建设无障碍环境。除此之外,旅游场景中的无障碍还重视信息和服务的无障碍,例如关注对文物介绍中的无障碍,地图、手册、旅游指南等信息载体都应制作无障碍版本,重视对景区工作人员、旅行社工作人员和导游等相关工作者的培训。

---

[1] 全球可持续旅游委员会目的地标准(2.0版本)第二章 B8 条。

● 法律规定

《张家界市景区无障碍环境建设规定》第九条规定："山地型景区应当根据地形地貌条件科学设计无障碍游览路线。无障碍游步道平整、防滑、坡道坡度规范,设置无障碍休息区域。在有升降需求的位置,配置缆车(索道)、升降台等升降装置。根据需求配备无障碍车辆。岩洞型景区应当依据实际配备无障碍通道或者其他便利设施。有条件的,设置无障碍垂直升降装置。河湖型景区应当建设无障碍码头,设置轮椅坡道,并清晰标记上下船只的行人路线。配备具有无障碍座椅、安全固定设备、安全扶手、无障碍标志等的游船。演艺型景区应当在疏散口及通道附近设置轮椅席位,轮椅席位处地面上应施划无障碍标识,并配备陪护席位。"

《张家界市景区无障碍环境建设规定》第十条规定:"景区应通过各类标识、宣传手册以及网站、手机导览 APP 等形式,向游客提供以下无障碍信息服务:(一)无障碍设施、设备的布局与功能信息;(二)无障碍路线图介绍;(三)景区游览文字语音提示;(四)咨询与预约电话;(五)医疗急救等紧急呼叫功能;(六)其他相关信息服务。"

● 国标信息

国家标准化管理委员会发布《关于下达适老化改造推荐性

国家标准专项计划及相关标准外文版计划的通知》,全国旅游标准化技术委员会归口的国家标准《无障碍旅游服务规范—旅游饭店》(以下简称《规范》)获批立项。此次立项的国家标准《规范》是对国际标准 ISO 21902—2021《旅游及其相关服务—全民无障碍旅游—要求和建议》的修改,是对我国无障碍旅游服务规范,尤其是旅游饭店这一细分领域无障碍旅游服务规范的总结和提炼。《规范》适用于为老年人及残疾人等特定群体提供无障碍旅游服务的服务提供者。对旅游饭店无障碍客房的基本注意事项、设计和设备,以及无障碍住宿的公共区域等作出规范;针对餐饮服务,对餐饮场所的服务点、服务类型、信息提供等无障碍服务作出规范;针对会议、奖励旅游、大型企业会议和活动展览,对活动策划、策划方案、口译服务和支持、场地选择、前往场地、停车设施、会场现场通道、户外活动和场地等无障碍服务作出规范;针对购物,对场所进入通道、内循环、展示区和仓储、柜台和收银台、仓储和销售设备、试衣间、卫生设施、婴儿尿布台和厕所、信息和标牌、借用轮椅等无障碍服务作出规范。

【案例 7-3】

杭州推出首批 5 条无障碍旅游线路[①]

借着杭州亚运会和亚残运会举办的契机,杭州推出首批 5

---

① 《有爱无碍,城市因此更"温柔":杭州推出首批 5 条无障碍旅游线路》,载《杭州日报》2023 年 09 月 14 日,第 A12 版。

条无障碍旅游线路，游客既可以在文博场馆游览，也可搭乘游船在水上观光，行程均涵盖无障碍电梯、无障碍卫生间、无障碍休息区、无障碍停车场等设施。为了保障相关接待与服务工作，××游船公司对游船进行了无障碍设施的优化提升。工作人员介绍，为了让残疾人更方便、快捷、舒心地乘坐游船，他们在无障碍船只码头上、下船点，专门配备了移动式无障碍坡道；船舱内不仅装上了移动式门槛，方便轮椅进出推行，还设有固定轮椅停放区，并设置陪同人员座椅；船上的卫生间也进行了无障碍设施改造，设置了无障碍栏杆扶手等。除了在船上配备电视导播，滚动播放配有声音和手语讲解的游览视频及游览注意事项，通过前期培训，游船服务人员还专门学习了日常服务基础手语，以便更顺畅地与听障人士、言语障碍人士沟通交流，让他们能全面了解航行线路及相关历史文化故事，获得更好的游览体验。

杭州动物园还进行了无障碍设施提升改造，涵盖升降机、卫生间、休息区、科普隧道等设施，形成无障碍环线，可观赏动物占比75%以上。受益"小莫"手语讲解视频，听障人士只要打开手机，通过微信公众号"杭州动物园 少儿公园"进入语音讲解通道，就能看到相关动物手语解说，方便无障碍需求人员安全、便捷地参观游览，打造了全国首个山地式无障碍旅游公园。园内10多个点位设置了无障碍环线导览图，方便特殊人员安排路线；游客服务中心设有无障碍服务台；将无障碍推行游线内6处弹石路面进行改平；第三卫生间扶手、台盆、警报器等的尺寸及设置高度等均严格按照无障碍规范要求执行；

金鱼园新增无障碍升降机，增设热线服务电话；70米海洋科普隧道引入了盲道，增添了触摸盲文和语音讲解相结合的方式，便于视障人士使用。

【案例7-4】

"轮椅游客"旅游

据新华社报道，32名来自湖南省××市的"轮椅游客"通过湖南××景区的无障碍设施登高赏景，享受旅游的快乐。景区的游步道坡度平缓，并通过建设好的索道、无障碍电梯、扶梯、提升机、爬楼机等设施，将不同海拔的游步道连接起来，形成无障碍游览环线。对于有无障碍游览需求的游客，工作人员会在专门的微信工作群里及时通报，游客每到一个节点，景区工作人员都会等在那里，并提供必要的无障碍服务。据介绍，自2020年景区无障碍体系建设以来，已接待了上千名"轮椅游客"。

72. 餐馆有无障碍的义务吗？

作为公开的营业场所，餐馆有提供无障碍环境和服务的义务。全国第一个饭店无障碍地方标准——《饭店无障碍设施与服务规范》（DB3301/T 0300—2019） 2019年12月30日由杭州市市场监督管理局发布，于2020年1月30日开始实施。这一标准为旅游场景下的饭店无障碍建设提供了操作标准。

【案例 7-5】

餐馆楼梯不符合无障碍设计规范侵权案

2018年6月18日20时许，赵某某与家人在某餐馆二楼用餐。由于是直角转角楼梯，且仅有单侧扶手，转角处台阶明显突然高出近一倍的高度，不符合无障碍设计规范。赵某某餐后下楼时，在二楼到一楼的楼梯转角处不慎踏空摔倒受伤，后即被送往医院治疗。此后，赵某某将餐馆诉至法院，法院经审理判决认为：中华人民共和国住房和城乡建设部制定的《无障碍设计规范》是中华人民共和国国家标准，被告作为服务场所使用的配套服务设施应当安全可靠，应当符合该强制性标准的要求，因被告餐馆内设置的楼梯设计不符合该强制性要求，具有一定的安全隐患，被告餐馆未尽到合理限度内的安全保障义务，造成原告摔倒受伤，应当承担侵权责任。原告赵某某在事发时，已是83周岁高龄老人，因其自身身体等客观原因没有尽到注意义务是事故发生的另一原因力。故对原告摔倒受伤产生的各项损失，由原告自行承担60%的责任，被告承担40%的责任。

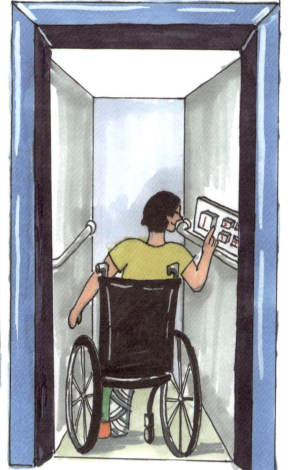

第八章

性别视角下的无障碍

73. 什么是母婴室？

母婴室是便于携婴父母在外照料哺乳期婴儿进行护理、哺乳、集乳、喂食、备餐而特别设置的场所。截至 2024 年年初，国内母婴室数量依然不足，且经常存在被占用、母婴室内设施不足的问题。① 有些地区的地方性法规已经规定了用人单位应当设置哺乳室，以满足女性的母乳喂养需求。例如，《广州市母乳喂养促进条例》第十五条规定："女职工比较多的用人单位应当根据女职工的需要，建设哺乳室，配备母乳储存设施。鼓励写字楼、工业园区等场所统一建设哺乳室。"

● **法律规定**

《妇女权益保障法》（2022 修订）第三十四条规定："各级人民政府在规划、建设基础设施时，应当考虑妇女的特殊需求，配备满足妇女需要的公共厕所和母婴室等公共设施。"

《未成年人保护法》（2024 修正）第四十六条规定："国家鼓励大型公共场所、公共交通工具、旅游景区景点等设置母婴室、婴儿护理台以及方便幼儿使用的坐便器、洗手台等卫生设施，为未成年人提供便利。"

---

① 《"900 公里高速，没找到一个能用的母婴室"——记者调查母婴室数量少设施不齐被占用问题》，载《法治日报》2023 年 11 月 23 日。

● 关于母婴室的位置、功能与名称的讨论

关于母婴室的位置、功能与名称，社会上存在诸多讨论。例如，有观点认为，从名称上看，"母婴室"的名字意味着其专属于母亲和婴儿使用，而将父亲和其他家庭成员排除在外，母婴室的标志也经常是一个女性在照顾婴儿，暗示育婴仅仅是母亲的职责。而母婴室的英文是"Parenting Room""Baby Care Room"或"Parent's Room"，这些名称没有性别指代的意味。从位置上看，有一部分母婴室设置在女性卫生间，这可能是从实际利用的角度来看，母亲照顾婴儿比较多。而实际上，父母均是婴儿的监护人，都有责任照顾婴儿。在实践中，有不少地区（例如武汉、深圳、杭州等地）的大商场中的母婴室已有单独的空间，而不再设置在女性卫生间，这一经验值得推广、学习。从功能上看，母婴室除了方便母亲对婴儿进行母乳喂养之外，还可以冲奶粉、换尿布。亦有观点指出，男性照顾婴儿时，冲奶粉不需要专门空间，由于男性力气较大，可以实现在多种空间换尿布的任务，也不需要专门的空间。这说明很多人没有意识到，母婴室是一个致力于让家长体面照顾婴儿的地方。所以母婴室也应该让男性使用，但是其中的哺乳室因为涉及女性的身体隐私应拒绝男性进入。

74. 残疾女性在就医中面临哪些障碍？

一是在设施方面，由于医院的无障碍设施仍不完善，很多怀孕的残疾女性无法产检，或难以完成产检的全部流程。二是在信息方面，听力、语言障碍的女性在与医务人员沟通时存在障碍，导致她们难以得到有效的医疗帮助。与男性相比，残疾女性尤其是在性与生殖健康方面存在较大的健康隐患。三是在服务方面，如果医护人员对残疾人缺乏了解和治疗经验，则残疾女性难以获得健康服务。另外，残疾人外出寻求服务常常需要有家人陪伴，可能限制她们在健康方面的自主决策。在女性特有的育婴方面，一些人认为残疾女性没有必要生育，从而剥夺了她们的生育权。在生育之后，很多残疾女性被认为没有能力养育婴儿，因此被剥夺了抚养婴儿的权利。根据《残疾人保障法》和《无障碍环境建设法》的相关规定，医院应当进一步完善无障碍环境，为残疾人尤其是残疾女性提供医疗条件，保障残疾人的健康权、生育权等权利。

● **国际条约**

残疾人权利委员会在 2022 年 8 月 17 日、18 日和 19 日举行的第 587 次、第 589 次和第 591 次会议上审议了中国，包括中国香港地区和中国澳门地区的第二次和第三次合并定期报告。在审议报告中指出,委员会建议缔约国:(a)确保缔约国全国的残疾人可无障碍地获得卫生机构、服务和设备,应特别重视残疾妇女和女童的性健康和生殖健康;在卫生系统中,确保所有残疾人在全科处理中都能获得无障碍的信息和沟通。(b)将基于人权的残疾方针纳入所有卫生专业人员的培训课程。

75. 孕妇可能涉及哪些无障碍问题?

在《无障碍环境建设法》中,第二十四条的规定中提到了孕妇,即"在无障碍停车位充足的情况下,其他行动不便的残疾人、老年人、孕妇、婴幼儿等驾驶或者乘坐的机动车也可以使用。"实际上,孕妇可受益于无障碍环境之处不止于此,孕妇的无障碍需求也不止于此。孕妇所需个人空间变大,动作受到更多限制,身体变得更加脆弱。因此,无论是在日常生活还是出行、就医的过程中,都需要不同于一般成年人的设施。例如,孕妇下蹲困难、不便搬重物、不便长时间行走,因此,这使得她们需要更宽敞的座位、上下楼梯时最好乘坐电梯等。

76. 残疾女性在月经方面面临哪些特殊障碍?

首先,对盲人女性来说,可能存在难以判断是否处于月经期、在经期内难以准确、便利选择和使用卫生用品等困难。针对这一问题，商家可以在产品包装上尽量加入盲文等无障碍识别功能，方便障碍者使用。其次，对于一些智力障碍者而言，她们没有月经的意识，需要在他人的帮助下使用卫生巾，进行经期清洁。另外，智力障碍者长期服用药物导致内分泌失调，从而导致月经紊乱，或者无法理解在经期不能剧烈运动、不宜吃生冷食物等不利于身体的注意事项，导致身体健康受损。最后，对肢体障碍者而言，可能存在不方便更换卫生巾的情况，以及对重度轮椅使用者而言，久坐导致女性更加容易感染。

月经的问题不仅导致残疾女性更容易感染妇科疾病，在健康方面存在风险，而且导致了"月经贫困"，即在就业中由于月经问题，残疾女性不易得到就业机会。在受教育过程中，由于在学校无人时时照顾，月经问题导致很多残疾女性无法进入学校就读，或入学后在经期无人照顾而需要居家休息，从而难以跟上学校进度，导致受教育水平不高。

有些残疾残障女性表示，尽管在生理期受到家人的周全保护，感到非常感激，但还是希望想要拥有自己处理"麻烦"的能力。关于残疾残障女性在月经问题上面临的障碍，也有视力障碍女性表示，自己会利用嗅觉和身体感觉感知到月经到来，以及在他人的协助下自行清洗衣物。在购买卫生用品时，除了家人帮助，还可以凭借触感分辨自己想要购买的商品，或直接向超市的服务员提出购买需求。①

---

① 参见《当残障女性遇上生理期》，载微信公众号"少数派说"，2020年3月8日。

【案例 8-1】

残疾残障女性面临的月经困难[①]

由于生产时的意外,张某某被确诊为脑性瘫痪。已成年的她,在生活行动上有一定障碍,面对生理期时,也无法准确感知到经血的到来,不知道怎么正确使用卫生巾,也不知道多久应该换一次,甚至是弄脏裤子后,也不能独自处理。来月经时,张某某局促地站在马桶旁,卡在膝盖上的裤子沾上了血迹,大腿间也蹭上了几滴血,马桶边、地板上也沾着些许血迹。张某某的家人佝偻着腰为其擦拭身体,然后一遍遍地教她如何使用卫生巾。生理期带来的除了生活上的不便,还有身体上的不适。她不会说话,生理期时带来的疼痛,往往无法表达,家人也不知道该如何帮她缓解。

[①] 参见《面对月经,残障女性如何处理?》,载微信公众号"真实连接",2023 年 12 月 8 日。

第九章

司法中的无障碍

77. 诉讼服务大厅有哪些无障碍环境建设的要求？

诉讼服务大厅的主要功能是诉讼引导、法律宣传、登记立案、先行调解、受理申请、材料收转、查询咨询、联系法官、文书送达、判后答疑、信访接待、受理投诉建议。在无障碍环境建设方面，《最高人民法院关于全面推进人民法院诉讼服务中心建设的指导意见》（法发〔2014〕23号）规定，诉讼服务大厅应当有明显标志，方便群众出入，并建有无障碍通道；信访接待场所和其他诉讼服务场所根据条件和实际需要，可以为残疾人等弱势群体开辟绿色通道，提供优先服务。确有需要的，可为当事人提供上门立案、节假日预约立案服务。有条件的诉讼服务大厅可以设置金融机构现场服务窗口，实现诉讼费等费用的现场缴纳。

【案例 9-1】

为肢体障碍者开庭提供便利案例

2022年初，由××县人民检察院提起公诉的被告人王某某是肢体障碍者，行动不便，到庭听审比较困难，难以正常到庭。××县人民法院刑事法官了解该情况后，遂汇报请示并与检察机关办案人员沟通，基于便利当事人和充分发挥司法能动性考虑,决定在被告人所在地的村委会开庭审理。2022年某日,××县人民法院刑事审判庭审判人员、法警等办案人员来到被告人所在村的村委会,与当地村干部就当事人现状、案件情况、庭审场地等问题进行沟通,村干部积极配合,提供村委会会议室作为临时"审判庭"进行开庭。

【案例 9-2】

湖北法院修建无障碍通道

2022年6月,湖北省××法院在诉讼服务中心门前修建了无障碍通道。新修建的无障碍通道的高度和宽度均符合标准,在入口、转角等处设置了明显引导标识,并在坡道两侧安装了扶手栏杆,方便特殊群众无障碍直达诉讼服务大厅。同时,该院还将1间审判庭改造为残疾人专用审判庭,在入口处设置无障碍坡道,内设无障碍旁听席,切实保障残疾人平等、充分、便捷参与诉讼活动。

【案例 9-3】

江苏法院积极回应残疾人的司法需求

为积极回应残疾人的司法需求,近年来江苏法院在服务残疾人方面推出诸多举措。灵活运用立案措施,为不方便书面立案的残疾人提供口头立案条件，为不会、不便使用网络的残疾人提供诉讼指引；推进法院接待场所、审判场所的无障碍设施建设，设置残疾人无障碍专用通道，配备拐杖、轮椅等器械，保证残疾人无障碍参加诉讼活动；推进聋哑人无障碍交流环境建设，根据案件情况，允许相关辅助、陪护人员陪同残疾当事人出庭。

 78. 什么是法律援助？

法律援助是国家建立的，为经济困难公民和符合法定条件的其他当事人无偿提供法律咨询、代理、刑事辩护等法律服务的制度，是公共法律服务体系的组成部分。法律援助机构为老年人、残疾人提供法律援助服务的，应当根据实际情况提供无障碍设施设备和服务。法律援助机构组织法律援助人员依法提供以下法律援助：法律咨询；代拟法律文书；刑事辩护与代理；民事案件、行政案件、国家赔偿案件的诉讼代理及非诉讼代理；值班律师法律帮助；劳动争议调解与仲裁代理；法律、法规、规章规定的其他形式。在提供法律援助的过程中，也需要考虑残疾人、老年人的无障碍需求，例如为书写不便的人代写法律文书、为智力障碍者提供简明说明、为听力障碍者提供手语翻译，等等。

79. 申请法律援助要满足哪些条件？

一般情况下，申请法律援助需要满足三方面的条件：（1）申请人是经济困难，无能力承担法律服务费用的人员；（2）申请援助的案件属于法律援助的范围；（3）有合理的请求及事实依据。

根据《中华人民共和国法律援助法》第四十二条规定，"若法律援助申请人有材料证明属于下列人员之一的，免予核查经济困难状况：（一）无固定生活来源的未成年人、老年人、残疾人等特定群体；（二）社会救助、司法救助或者优抚对象；（三）申请支付劳动报酬或者请求工伤事故人身损害赔偿的进城务工人员；（四）法律、法规、规章规定的其他人员。"

可申请法律援助服务的范围：《中华人民共和国法律援助法》第三十一条规定，"下列事项的当事人，因经济困难没有委托代理人的，可以向法律援助机构申请法律援助：（一）依法请求国家赔偿；（二）请求给予社会保险待遇或者社会救助；（三）请求发给抚恤金；（四）请求给付赡养费、抚养费、扶养费；（五）请求确认劳动关系或者支付劳动报酬；（六）请求认定公民无民事行为能力或者限制民事行为能力；（七）请求工伤事故、交通事故、食品药品安全事故、医疗事故人身损害赔偿；（八）请求环境污染、生态破坏损害赔偿；（九）法律、法规、规章规定的其他情形。"

【案例 9-4】

安徽省××市××区法律援助中心对宣告杨某某为无民事行为能力人提供法律援助案[①]

杨某某为二级智力残疾人,并办理了残疾证。2022年,杨某某家庭面临拆迁安置,因杨某某为二级智力残疾人,很多拆迁安置手续无法正常办理。杨某某的家人向法律援助中心进行了电话咨询,值班律师认为基于杨某某目前的情况,需要通过诉讼途径认定其为无民事行为能力人或者限制民事行为能力人,并指定监护人代为实施民事行为。因杨某某系残疾人,值班律师引导杨某某及家人依法申请法律援助。2022年7月初,杨某某在其家人陪同下,来到安徽省××市××区法律援助中心申请法律援助。经审查,决定给予杨某某法律援助,并指派王律师承办此案。王律师初步判断,杨某某属于法律意义上的无民事行为能力人或者限制民事行为能力人。经过律师释法,杨某某家人同意了申请宣告杨某某为无民事行为能力人,王律师代为起草了申请书。2022年7月18日,其家人向××区人民法院提起了特别程序诉讼,申请宣告杨某某为无民事行为能力人,并要求法院指定杨某某的父亲为其监护人。案件受理后,经法院指定,王律师陪同杨某某前往安徽××司法鉴定所,对其精神状况进行司法鉴定。鉴定结论为:(1)器质性精神障

[①] 司法行政(法律服务)案例库,案件号 AHFYGL1669610350。

碍；(2) 目前无民事行为能力。2022 年 8 月 31 日，××区人民法院依据该司法鉴定意见，适用特别程序，作出民事判决，宣告杨某某为无民事行为能力人，并指定杨某某的父亲为其监护人。

80. 指派法律援助的条件是什么？

指派法律援助是指依据法律规定，在特定情况下，当事人没有委托律师，但由人民法院、人民检察院、公安机关通知法律援助机构指派律师为当事人提供法律援助。《法律援助法》第二十五条规定，"刑事案件的犯罪嫌疑人、被告人属于下列人员之一，没有委托辩护人的，人民法院、人民检察院、公安机关应当通知法律援助机构指派律师担任辩护人：（一）未成年人；（二）视力、听力、言语残疾人；（三）不能完全辨认自己行为的成年人；（四）可能被判处无期徒刑、死刑的人；（五）申请法律援助的死刑复核案件被告人；（六）缺席审判案件的被告人；（七）法律法规规定的其他人员。其他适用普通程序审理的刑事案件，被告人没有委托辩护人的，人民法院可以通知法律援助机构指派律师担任辩护人。"此外，强制医疗案件的被申请人或者被告人没有委托诉讼代理人的，人民法院应当通知法律援助机构指派律师为其提供法律援助。

《中华人民共和国刑事诉讼法》（以下简称《刑事诉讼法》）第三十五条规定："犯罪嫌疑人、被告人是盲、聋、哑人，或者是尚未完全丧失辨认或者控制自己行为能力的精神病人，没有委托辩护人的，人民法院、人民检察院和公安机关应当通知法律援助机构指派律师为其提供辩护。"

81. 由谁提出法律援助申请？

法律援助原则上需由本人亲自提出申请。在一些特殊情况下，也可以由其他人提出：一是刑事案件的犯罪嫌疑人、被告人因经济困难或者其他原因没有委托辩护人的，本人及其近亲属可以向法律援助机构申请法律援助；二是被羁押的犯罪嫌疑人、被告人、服刑人员，以及强制隔离戒毒人员，可以由其法定代理人或者近亲属代为提出法律援助申请；三是无民事行为能力人或者限制民事行为能力人需要法律援助的，可以由其法定代理人代为提出申请；四是若法定代理人侵犯无民事行为能力人、限制民事行为能力人合法权益，则其他法定代理人或者近亲属可以代为提出法律援助申请。

◉ **法律规定**

《法律援助法》第四十条规定："无民事行为能力人或者限制民事行为能力人需要法律援助的，可以由其法定代理人代为提出申请。法定代理人侵犯无民事行为能力人、限制民事行为能力人合法权益的，其他法定代理人或者近亲属可以代为提出法律援助申请。被羁押的犯罪嫌疑人、被告人、服刑人员，以及强制隔离戒毒人员，可以由其法定代理人或者近亲属代为提出法律援助申请。"

82. 如何提出法律援助申请？

对诉讼事项的法律援助，由申请人向办案机关所在地的法律援助机构提出申请；对非诉讼事项的法律援助，由申请人向争议处理机关所在地或者事由发生地的法律援助机构提出申请。

法律援助申请应当以书面形式提出申请，如果书面申请确有困难，可以口头提出申请，由法律援助机构的工作人员代为填写书面材料。申请法律援助的同时需要提交相关证明材料，供法律援助机构工作人员审核。①

● 法律规定

《法律援助法》第三十八条规定："对诉讼事项的法律援助，由申请人向办案机关所在地的法律援助机构提出申请；对非诉讼事项的法律援助，由申请人向争议处理机关所在地或者事由发生地的法律援助机构提出申请。"

---

① 提供免费法律咨询服务的电话号码是"12348"，中国法律服务网的网址是 http://www.12348.gov.cn。

《法律援助法》第四十五条规定:"法律援助机构为老年人、残疾人提供法律援助服务的,应当根据实际情况提供无障碍设施设备和服务。"

《办理法律援助案件程序规定》(2023 修订)第十条第一款规定:"对诉讼事项的法律援助,由申请人向办案机关所在地的法律援助机构提出申请;对非诉讼事项的法律援助,由申请人向争议处理机关所在地或者事由发生地的法律援助机构提出申请。"

83. 关于残疾人缴纳诉讼费用有什么特殊规定?

在当事人确有困难的情况下,可以申请诉讼费用的缓、减、免交。缓交是指当事人向人民法院申请延缓交纳诉讼费;减交是指当事人向法院申请适当减少应交纳的诉讼费用;免交是指当事人经申请后不交纳诉讼费用。人民法院对当事人起诉时提出的司法救助申请,经审查符合司法救助情形的,立案时准许当事人缓交诉讼费用。人民法院对一方当事人提供司法救助,对方当事人败诉的,诉讼费用由对方当事人负担;对方当事人胜诉的,可以视申请司法救助的当事人的经济状况决定其减交、免交诉讼费用。

免交诉讼费用的条件。2007 年施行的《诉讼费用交纳办法》规定,"当事人申请司法救助,符合下列情形之一的,人民法院应当准予免交诉讼费用：（一）残疾人无固定生活来源的；（二）追索赡养费、扶养费、抚育费、抚恤金的；（三）最低生活保障对象、农村特困定期救济对象、农村五保供养对象或者领取失业保险金人员，无其他收入的；（四）因见义勇为或者为保护社会公共利益致使自身合法权益受到损害，本人或者其近亲属请求赔偿或者补偿的；（五）确实需要免交的其他情形。"

减交诉讼费用的条件。《诉讼费用交纳办法》第四十六条规定，"当事人申请司法救助，符合下列情形之一的，人民法院应当准予减交诉讼费用：（一）因自然灾害等不可抗力造成生活困难，正在接受社会救济，或者家庭生产经营难以为继的；（二）属于国家规定的优抚、安置对象的；（三）社会福利机构和救助管理站；（四）确实需要减交的其他情形。人民法院准予减交诉讼费用的，减交比例不得低于30%。"

缓交诉讼费用的条件。《诉讼费用交纳办法》第四十七条规定，"当事人申请司法救助，符合下列情形之一的，人民法院应当准予缓交诉讼费用：（一）追索社会保险金、经济补偿金的；（二）海上事故、交通事故、医疗事故、工伤事故、产品质量事故或者其他人身伤害事故的受害人请求赔偿的；（三）正在接受有关部门法律援助的；（四）确实需要缓交的其他情形。"因此，无固定生活来源的残疾人可以申请免交诉讼费，符合缓交、减交情形的残疾人，可以向人民法院申请诉讼费用的缓交、减交。

84. 障碍者如何参与在线诉讼?

为提高诉讼效率、便利当事人参与诉讼，2021年最高人民法院发布了《人民法院在线诉讼规则》，其中第二条规定了便民利民原则，要求人民法院优化在线诉讼服务，统筹兼顾不同群体司法需求，对未成年人、老年人、残疾人等特定群体加强诉讼引导，提供相应司法便利，确保特定群体平等获得司法保护。在线诉讼是一种方便法官和当事人的诉讼方式，但是，也可能为残疾人带来更多的障碍。例如，视力障碍者可能难以通过人脸识别，听力障碍者无法听到电子设备声音，语言障碍者无法通过语言传达意见，肢体障碍者运用电子设备可能存在困难，等等。因此，可以采用优化人脸识别技术、为有需要的当事人提供手语翻译和字幕、以文字消息和录制视频等方式等代替直接言辞等方式，确保残疾人在司法中有多种信息交流和沟通方式，保障其有效参与司法程序。[1]

85. 听力、语言障碍者参与法律程序，是否应当聘请手语翻译?

听力、语言障碍者在司法程序中面临的最大问题是信息互

---

[1] 丁鹏:《残障人平等获得司法保护的制度创新》，载《反歧视评论》，2023年第10辑，第105-122页。

通、互动问题，因此，我国的《刑事诉讼法》及其司法解释、《中华人民共和国治安管理处罚法》（以下简称《治安管理处罚法》）中都规定了在司法程序或者行政处罚过程中应当有手语翻译在场。然而，司法实践中手语翻译服务仍面临一些困境，例如手语翻译员总体数量仍然较少，既懂手语又懂法律的人更少，如果在翻译过程会出现曲解、误读等情况，将会带来非常严重的后果。①

● **法律规定**

《刑事诉讼法》（2018修正）第一百二十一条规定："讯问聋、哑的犯罪嫌疑人，应当有通晓聋、哑手势的人参加，并且将这种情况记明笔录。"

《治安管理处罚法》（2012修正）第八十六条规定："询问聋哑的违反治安管理行为人、被侵害人或者其他证人，应当有通晓手语的人提供帮助，并在笔录上注明。询问不通晓当地通用的语言文字的违反治安管理行为人、被侵害人或者其他证人，应当配备翻译人员，并在笔录上注明。"

2021年最高人民法院关于适用《中华人民共和国刑事诉讼法》的解释（法释〔2021〕1号）第八十九条规定："证人证言具有下列情形之一的，不得作为定案的根据：（一）询问证人没有个别进行的；（二）书面证言没有经证人核对确认的；（三）询问聋、哑人，应当提供通晓聋、哑手势的人员而未提

---

① 赵树坤：《司法实践中手语翻译服务问题探析》，载《人民法院报》2021年12月21日。

供的;(四)询问不通晓当地通用语言、文字的证人,应当提供翻译人员而未提供的。"

【案例 9-5】

北京市××法院委托法庭手语翻译

李某某系聋哑人,因涉嫌盗窃罪被逮捕,根据刑事诉讼法相关规定,讯问聋、哑的犯罪嫌疑人,应当有通晓聋、哑手势的人参加。为消除诉讼障碍、协助庭审过程,保障被告人行使辩护等其他诉讼权利,××法院诉讼服务中心委托院内高级手语翻译师为本次庭审提供手语同声翻译。庭前,诉讼服务中心通过线上审核法庭发起的翻译需求,按照要求统一对接翻译人员、制作委托手续、组织翻译人员参加庭审;庭审中,诉讼服务人员全程参与了旁听,保证庭审质量。翻译人员通过"手势+口型"相结合的方式,耐心细致地完成了庭审过程的翻译。被告人李某某通过手语翻译表达了对犯罪事实的认可、对亲人的忏悔以及今后要守法的决心。

【案例 9-6】

手语翻译进法庭,让公正"无障碍"[①]

听障人宁某某文化程度不高,16 岁就进入了社会,结识了

---

① 参见《手语翻译进法庭,让公正"无障碍"》,载《中国妇女》2023年 5 月总第 1081 期,第 34-35 页。

一个同为听障人的青年。宁某某法律观念淡薄，加之视对方为好友，因此在对方邀请他帮忙偷电动车的时候没有拒绝，于是成了盗窃罪的从犯。特教学校的林老师利用休息时间到北京××区法院做手语翻译。在开庭前的手语磨合阶段，林老师将坦白、认罪认罚从宽，以及法律关于聋哑人或盲人犯罪可从轻、减轻或免除处罚的规定翻译成手语，讲给宁某某听。坦白、认罪认罚等法言法语变成手语，不能直译只能"意译"。宁某某对其中不少手语无法理解，林老师遂以情景模拟的方式，配上手势和表情"演出来"，让宁某某理解。

林老师表示，刑事犯罪中的听障人一般文化程度不高，并且来自全国各地，他们的手语并不标准，有的只是停留在"比画"阶段。同时，手语也有方言，全国有多少地区、多少方言，就有多少种手语。此外，对于同一种含义，每个人惯用的表达也不尽相同，手语翻译要提前将这些全部了解清楚并在庭审沟通中运用，才能正确传达信息。在进行沟通磨合的过程中，听障人宁某某逐渐理解了法律规定、刑事政策，还对林老师产生了充分的信任，让后续庭审中的沟通十分顺畅。

86. 关于残疾人从轻、减轻处罚有哪些规定？

在治安管理和刑事处罚过程中，法律都规定了对于盲人、又聋又哑的人以及处于发病期的精神病人从轻、减轻甚至免予处罚。

● **法律规定**

《治安管理处罚法》（2012修正）第十三条规定："精神病人在不能辨认或者不能控制自己行为的时候违反治安管理的，不予处罚，但是应当责令其监护人严加看管和治疗。间歇性的精神病人在精神正常的时候违反治安管理的，应当给予处罚。"

《治安管理处罚法》（2012修正）第十四条规定："盲人或者又聋又哑的人违反治安管理的，可以从轻、减轻或者不予处罚。"

《中华人民共和国刑法》（以下简称《刑法》）（2023修正）第十八条规定："精神病人在不能辨认或者不能控制自己行为的时候造成危害结果，经法定程序鉴定确认的，不负刑事责任，但是应当责令他的家属或者监护人严加看管和医疗；在必要的时候，由政府强制医疗。间歇性的精神病人在精神正常的时候犯罪，应当负刑事责任。尚未完全丧失辨认或者控制自己行为能力的精神病人犯罪的，应当负刑事责任，但是可以从轻或者减轻处罚。醉酒的人犯罪，应当负刑事责任。"

《刑法》（2023修正）第十九条规定："又聋又哑的人或者盲人犯罪，可以从轻、减轻或者免除处罚。"

● 关于残疾人从轻、减轻以及免于处罚的讨论

对于盲人、又聋又哑的人、精神病人从轻、减轻处罚，体现了法律对社会特定群体的体恤，但也引发了一些讨论。一是许多残疾人认为从轻、减轻处罚会导致残疾人的污名加重，会让社会公众认为残疾人违法犯罪享有"特权"，导致残疾人的社会地位降低。二是一些公众认为部分残疾人会利用从轻、减轻处罚的规定故意犯罪，导致法律对于社会治理起到反作用。三是对于精神病人而言，一部分精神病人虽然免于刑事处罚，但要接受强制医疗，强制医疗不仅是一种对人身自由的限制，而且会加重精神病人本人的社会污名，影响其正常的社会交往。

87. 什么是强制医疗？

强制医疗本质上是对精神病人的人身自由进行限制的一种社会防卫措施，其目的是防止潜在危险的个体再度危害社会，同时为患者提供恰当的治疗。在我国，强制医疗程序由司法机关居中决策，以保障其公正性和程序正当性。强制医疗的裁决涉及当事人的合法权益，为了强制医疗的准确适用，《刑事诉讼法》（2018修正）规定了依法不负刑事责任的精神病人的强制医疗程序，并构建了以申请复议和申请解除为主要方式的救济机制。

● **法律规定**

《刑法》（2023修正）第十八条第一款规定，"精神病人在不能辨认或者不能控制自己行为的时候造成危害结果，经法定程序鉴定确认的，不负刑事责任，但是应当责令他的家属或者监护人严加看管和医疗；在必要的时候，由政府强制医疗。"

《刑事诉讼法》（2018修正）第三百零五条规定："人民法院经审理，对于被申请人或者被告人符合强制医疗条件的，应当在一个月以内作出强制医疗的决定。被决定强制医疗的人、被害人及其法定代理人、近亲属对强制医疗决定不服的，可以向上一级人民法院申请复议。"

《刑事诉讼法》（2018修正）第三百零六条规定："强制医疗机构应当定期对被强制医疗的人进行诊断评估。对于已不具有人身危险性，不需要继续强制医疗的，应当及时提出解除意见，报决定强制医疗的人民法院批准。被强制医疗的人及其近亲属有权申请解除强制医疗。"

88. 启动强制医疗程序的条件是什么？

《刑事诉讼法》（2018修正）第三百零二条规定了启动强制医疗的实体条件，即实施暴力行为，危害公共安全或者严重危害公民人身安全，经法定程序鉴定依法不负刑事责任的精神病人，有继续危害社会可能的，可以予以强制医疗。也就是说，强制医疗的适用主体是不负刑事责任的精神病人，启动的情形是其曾实施暴力行为、危害公共安全或者严重危害公民人身安全等行为，且有继续危害社会的可能。

《刑事诉讼法》（2018修正）第三百零三条规定了启动强制医疗的程序条件，公安机关发现精神病人符合强制医疗条件的，应当写出强制医疗意见书，移送人民检察院。对于公安机关移送的或者在审查起诉过程中发现的精神病人符合强制医疗条件的，人民检察院应当向人民法院提出强制医疗的申请。对实施暴力行为的精神病人，在人民法院决定强制医疗前，公安机关可以采取临时的保护性约束措施。人民法院经审理，对于被申请人或者被告人符合强制医疗条件的，应当在一个月以内作出强制医疗的决定。被决定强制医疗的人、被害人及其法定代理人、近亲属对强制医疗决定不服的，可以向上一级人民法院申请复议。

【案例 9-7】

郭某某不适用强制医疗程序案

被告人郭某某与被害人马某某（男，殁年 62 岁）是邻居，2020 年 9 月 20 日 18 时许，郭某在家中幻听门外有人说"你出来，我要杀了你"，遂持水果刀从家中冲出，看见隔壁正在用钥匙开房门的马某某，妄想马某某会对自己不利，即用水果刀连续捅刺马某某胸腹部及后背二十余刀，造成马某某当场死亡。郭某某曾因偏执状态于2019年2月11日至2020年5月18日多次前往医院治疗。经法医鉴定，郭某某患有精神分裂症，犯罪时为限制刑事责任能力。《刑法》第十八条第一款规定："精神病人在不能辨认或者不能控制自己行为的时候造成危害结果，经法定程序鉴定确认的，不负刑事责任，但是应当责令他的家属或者监护人严加看管和医疗；在必要的时候，由政府强制医疗。"第十八条第三款规定："尚未完全丧失辨认或者控制自己行为能力的精神病人犯罪的，应当负刑事责任，但是可以从轻或者减轻处罚。"在本案中，郭某某是限制刑事责任能力人，而非无刑事责任能力人，不满足适用强制医疗的实体条件，因此不能启动强制医疗程序。但是，郭某某作为精神病人可以从轻、减轻处罚。

89. 解除强制医疗程序的条件是什么？

《刑事诉讼法》（2018修正）第三百零六条规定了强制医疗解除的条件，强制医疗机构应当定期对被强制医疗的人进行诊断评估，对于已不具有人身危险性、不需要继续强制医疗的，应当及时提出解除意见，报决定强制医疗的人民法院批准。被强制医疗的人及其近亲属有权申请解除强制医疗。

【案例 9-8】

法院不予支持解除强制医疗案

郭某 1 是被强制医疗人郭某 2 之兄。2019 年某日,郭某 1 向法院提出解除郭某 2 强制措施的申请,认为根据医院提供的诊断评估报告,郭某 2 已不需要继续强制医疗,如果郭某 2 被解除强制医疗回归家庭,自己愿意作其监护人。在本案中,郭某 1 作为被强制医疗的人的近亲属,提出了解除强制医疗的申请,法院依法予以受理。经法院审理认为,被强制医疗人郭某 2 虽病情有所好转、情绪稳定,但认知能力、自制力仍较差。目前郭某 2 仍存在相关精神症状,且这种疾病易受外界环境因素的影响,仍存在伤害他人及自身的风险,需要继续强制医疗。因此,驳回申请人郭某 1 对被强制医疗人郭某 2 解除强制医疗的申请。本案中,提起强制医疗申请的人是被申请者的近亲属,法院依法受理,而法院认为解除强制医疗后,被强制医疗人仍存在伤害他人及自身的风险,需要继续强制医疗,故作出了驳回的裁定。

【案例 9-9】

法院支持解除强制医疗案例

罗某某涉嫌犯故意杀人罪被刑事拘留,经依法鉴定在案发时为无刑事责任能力的精神病人，××铁路运输检察院向法院申请强制医疗。法院决定对罗某某进行强制医疗。后罗某某及其弟向法院申请对罗某某解除强制医疗，法院受理后，依法组成合议庭，会见了被申请人罗某某，听取了罗某某的主治医师的意见，征求了铁路运输检察院的意见，并对被申请人罗某某进行精神病鉴定。法院认为，被申请人罗某某患复发性抑郁障碍，经治疗后症状消失，目前处于缓解状态，达到临床治愈水平，社会危险性为0级，不具有人身危险性，可由家属带回对其严加看管，并督促继续配合治疗。被申请人罗某某本人及其弟提出对罗某某解除强制医疗的申请，符合法律规定，应予支持。

90. 精神病人一定是无民事能力或者限制民事行为能力人吗？

精神病人不一定是无民事行为能力人或者限制民事行为能力人。行为能力需要司法机关通过特定的程序裁定，而医疗机构的鉴定不能作为确认精神病人行为能力的有效程序。

● 法律规定

《民法典》第二十四条规定："不能辨认或者不能完全辨认自己行为的成年人，其利害关系人或者有关组织，可以向人民法院申请认定该成年人为无民事行为能力人或者限制民事行为能力人。被人民法院认定为无民事行为能力人或者限制民事行为能力人的，经本人、利害关系人或者有关组织申请，人民法院可以根据其智力、精神健康恢复的状况，认定该成年人恢复为限制民事行为能力人或者完全民事行为能力人。本条规定的有关组织包括：居民委员会、村民委员会、学校、医疗机构、妇女联合会、残疾人联合会、依法设立的老年人组织、民政部门等。"

《中华人民共和国民事诉讼法》（以下简称《民事诉讼法》）（2023修正）第一百九十八条规定："申请认定公民无民事行为能力或者限制民事行为能力，由利害关系人或者有关组织向该公民住所地基层人民法院提出。申请书应当写明该公民无民事行为能力或者限制民事行为能力的事实和根据。"

【案例 9-10】

公民的民事行为能力需经法定程序确认

2014年某日，王某某被家人带到市心理医院，被诊断为精神分裂症，市心理医院强制其住院治疗，三年间王某某累计住院天数达300多天。2017年，王某某起诉市心理医院剥夺其人身自由。在一审中，王某某拒绝了法院做精神鉴定的要求，于是一审法院基于此推定王某某不具备民事诉讼行为能力，遂裁定驳回起诉。王某某随后上诉，××市中级人民法院经过审理，撤销了一审法院的裁定，并在裁定书中说明，医方凭其医疗诊断结果质疑王某某的民事行为能力，但未经特别程序确认王某某无民事行为能力或者限制民事行为能力，亦未提供专门鉴定机构的相应鉴定意见，该医疗诊断结果不能推定王某某没有民事诉讼行为能力。这个案例涉及两个重点：一是公民无民事行为能力或者限制民事行为能力需通过法律程序确认；二是仅凭医疗诊断结果不能推定自然人没有民事诉讼行为能力。

【案例9-11】

申请宣告自然人为限制民事行为能力人案

申请人梅某某，女。被申请人徐某某，男。二人是夫妻关系。梅某某称，被申请人于2019年7月出现认知方面的障碍，情绪也处于极不稳定的状态，生活难以自理。因此，梅某某申请法院依法宣告被申请人徐某某为限制民事行为能力人，并指定申请人梅某某为其监护人。法院于2020年5月18日立案后，依法适用特别程序进行了审理。根据梅某某的申请，法院于2020年5月22日委托司法鉴定所对徐某某有无民事行为能力进行鉴定。同年6月17日，该鉴定所出具了鉴定意见书，认为被鉴定人徐某某患器质性轻度智能损害，目前具有限制民事行为能力。法院认为，司法鉴定意见书证据来源合法，内容客观真实，与本案具有关联性，且经过庭审质证，可以作为认定本案事实的依据，故梅某某申请宣告徐某某限制民事行为能力于法有据，法院予以支持。梅某某申请指定其为徐某某的监护人，徐某某亲属无异议且符合法律规定，法院予以准许。依照《中华人民共和国民法总则》第二十四条第一款、第二十八条，《民事诉讼法》第一百八十八条、第一百八十九条规定，判决徐某某目前为限制民事行为能力人，指定梅某某为徐某某的监护人。

91. 心智障碍者的陈述、证言和供述可以采信吗？

心智障碍者的证言应当慎重使用，在有其他证据印证的情况下，可以采信。

● 法律规定

2021年《最高人民法院关于适用〈中华人民共和国刑事诉讼法〉的解释》（法释〔2021〕1号）第一百四十三条规定："下列证据应当慎重使用，有其他证据印证的，可以采信：（一）生理上、精神上有缺陷，对案件事实的认知和表达存在一定困难，但尚未丧失正确认知、表达能力的被害人、证人和被告人所作的陈述、证言和供述；（二）与被告人有亲属关系或者其他密切关系的证人所作的有利于被告人的证言，或者与被告人有利害冲突的证人所作的不利于被告人的证言。"

【案例 9-12】

心智障碍者的陈述因无其他证据印证而不予采纳

熊某某是无性防卫能力、中度发育迟滞的智力障碍者,熊某某父母、丈夫指证黄某某对熊某某实施强奸行为。熊某某对于被强奸过程关键事实的描述在公安机关的两次陈述均不一致,对于强奸实施人亦是在其丈夫的提示下认定为黄某某。法院认为,熊某某的陈述存在不稳定性,且熊某某的陈述及其父母、丈夫的证言属同一言词证据,应当慎重使用,须有其他证据印证。结合案件的其他证据,证据之间无法形成完整的证据链,因此,对于检察机关以强奸罪对被告人黄某某定罪量刑的建议,法院不予支持。

第十章

无障碍环境公益诉讼

92. 什么是无障碍环境公益诉讼？

无障碍环境公益诉讼是检察公益诉讼的一种，是检察公益诉讼"4+N"案件范围的法定新领域。检察公益诉讼是指人民检察院在履行职责过程中发现侵害社会公共利益的行为，向人民法院提起诉讼或者向有关责任主体提出检察建议的行为。《检察公益诉讼法》已被列入十四届全国人大常委会立法规划，检察机关要按照党中央的部署，进一步总结实践经验，正确理解适用无障碍环境建设法的检察条款，充分发挥国家法律监督机关的职能优势，凝聚社会共识，促进综合治理，监督、保障这部良好的法律得以普遍实施和有效执行。①

93. 无障碍环境公益诉讼的适格"原告"是谁？

在 2018 年最高人民法院、最高人民检察院发布的《关于检察公益诉讼案件适用法律若干问题的解释》中，人民检察院以"公益诉讼起诉人"身份提起公益诉讼，依照民事诉讼法、行政诉讼法享有相应的诉讼权利，履行相应的诉讼义务。《人民检察院公益诉讼办案规则》第十三条规定："人民检察院办

---

① 参见何赞国：《依法能动履职促无障碍环境建设行稳致远》，载《检察日报》2023 年 9 月 28 日。

理行政公益诉讼案件，由行政机关对应的同级人民检察院立案管辖。行政机关为人民政府，由上一级人民检察院管辖更为适宜的，也可以由上一级人民检察院立案管辖。"因此，无障碍环境公益诉讼的公益诉讼起诉人是与具体负责无障碍环境建设的政府部门所对应的同级人民检察院。

94. 在什么情况下可能引起无障碍环境公益诉讼？

根据《无障碍环境建设法》第六十三条的规定，启动检察公益诉讼的条件一是违反《无障碍环境建设法》，二是损害社会公共利益。对于有具体受害人或者行政相对人的私益诉讼，如果背后隐藏或关联着众多不特定群体的公益损害，可以通过法检协作机制转化为公益诉讼。对于涉及家庭、小区等特定当事人，且权利义务关系明确的案件，可以通过民事诉讼、行政诉讼解决。检察公益诉讼涉及公权力行使，仍应当保持谦抑性。必要时，可通过民事检察、行政检察支持弱势群体维权、化解争议。对于该法施行之初的磨合期、相关配套措施的空白期，认定主体责任、监管责任等存在明显争议的，检察机关可通过提起公益诉讼的方式，交由法院依法审判裁决，进行司法确认，为正确理解、适用法律提供判例。①

---

① 参见邱景辉：《无障碍环境建设法检察公益诉讼条款的理解与适用》，载《人民检察》2023 年第 17 期，第 35-36 页。

【案例 10-1】

北京市××区人民检察院督促整治无障碍设施问题行政公益诉讼案①

2021年1月,北京市××区人民检察院(以下简称区检察院)对辖区内人流量较大的城市公厕及冬奥会和冬残奥会定点医院、商业中心停车场的无障碍设施进行实地摸排。查明:城市公厕无障碍设施普遍存在无障碍厕所标志混用、安全抓杆设计不规范、救助呼叫按钮设置超高、挂衣钩高度不合规范等现象;无障碍机动车停车位存在数量不达标、指示标识不清晰、轮椅通道线宽度不足及位置设置不利于残疾人通行等问题,侵害了残疾人等特殊群体合法权益。区检察院向区城市管理委员会(以下简称区城管委)、区交通局、某街道办等责任主体发诉前检察建议,建议其全面履行各自监管职责,为特殊群体提供更加优质安全、高效便捷的城市服务。本案中,区内无障碍设施存在诸多不规范问题,致使社会公共利益持续受到侵害。检察机关主动担当作为,积极履行公益诉讼检察职能,督促各行政机关依法履职,切实维护特殊群体合法权益,推动精细化、人性化社会治理。

---

① 参见中华人民共和国最高人民检察院:《最高检发布无障碍环境建设公益诉讼典型案例》,https://www.spp.gov.cn/xwfbh/wsfbh/202105/t20210514_518136.shtml,2024年8月24日访问。

95. 普通人如何参与或者推动无障碍环境公益诉讼？

无障碍环境建设是需要社会各方共同参与的事业，作为普通公众，也可以积极参与无障碍环境建设，为检察机关提供线索，推动无障碍公益诉讼。例如，杭州市检察院和杭州市残联联合发起了无障碍建设公益诉讼线索举报平台"e 路无碍"，市民可通过该平台提交无障碍线索，检察机关工作人员可根据内容进行排查核实，符合条件的会发起公益诉讼。又如"益心为公"检察云平台，也是公众参与检察公益诉讼的重要渠道，公民可在平台上为检察机关提供违反《无障碍环境建设法》的相关线索。

【案例 10-2】

"益心为公"志愿者助力检察公益诉讼

2024 年 3 月 18 日，××区检察院公益诉讼检察官收到"益心为公"志愿者反映，××小区有多辆机动车长期停放在盲道上，妨碍视障人士出行。通过实地走访调查，办案检察官发现多辆机动车长期停放在涉案小区正门前的盲道、人行道上，视障人士可能会出现碰撞或摔跤情况，存在出行安全隐患。该院遂于 3 月 28 日立案。为高效推进案件办理，××区检察院邀请交通管理部门、市政设施主管部门、街道办事处等相关部门召开案件研判会,同时邀请市检察院第七检察部检察官、××区人大代表到会指导。研判会上,结合案件情况,各部门明确了监管职责,然后一同前往涉案现场查看。各部门联动执法,在小区物业的配合下,现场联系占道停放机动车的车主,要求及时驶离;要求小区物业对不合理的地桩进行规范设置;小区物业采取加装挡车器等措施加强对机动车的停放引导,避免机动车占用人行道、盲道,影响通行安全。

96. 无障碍环境公益诉讼的目的和法律依据是什么?

无障碍环境公益诉讼的目的是保障《无障碍环境建设法》的统一正确实施,促进良法善治,为公共利益保驾护航,同时践行全过程人民民主的理念。目前无障碍环境公益诉讼的法律依据主要是《无障碍环境建设法》《人民检察院公益诉讼办案规则》。检察公益诉讼已经被纳入了立法规划,无障碍环境检察公益诉讼作为其中的一类,未来将会有更准确具体、更具可操作性的法律依据。

97. 什么是无障碍环境公益诉讼中的检察建议?

根据《人民检察院检察建议工作规定》第五条,"检察建议主要包括以下类型：（一）再审检察建议；（二）纠正违法检察建议；（三）公益诉讼检察建议；（四）社会治理检察建议；（五）其他检察建议。"检察建议书要阐明相关的事实和依据，提出的建议应当符合法律、法规及其他有关规定，明确具体、说理充分、论证严谨、语言简洁、有操作性。《无障碍环境建设法》第六十三条规定的检察建议，既包括公益诉讼检察建议，也包括社会治理检察建议。最高检强调，要推动办理检察建议从"办理"向"办复"转变，让检察建议在督促纠正违法和推动社会治理、诉源治理等方面的作用更充分地发挥出来，这就需要无障碍环境建设检察公益诉讼继续坚持把诉前实现公益保护作为最佳司法状态，同时增强"四大检察"治理效能综合履职，对同一问题、同一对象，优先适用诉前检察建议，并附带提出社会治理建议，避免重复建议、多头建议。对于无障碍环境建设法中的倡导性规定，其可诉性不足，可以通过社会治理检察建议推动贯彻落实。

【案例 10-3】

江苏省××县人民检察院督促规范文物保护单位、英烈纪念设施无障碍环境建设行政公益诉讼案[①]

江苏省××市××县内共有不可移动文物点 223 处，英雄

[①] 参见中华人民共和国最高人民检察院：《最高检发布无障碍环境建设公益诉讼典型案例》，https://www.spp.gov.cn/xwfbh/wsfbh/202105/t20210514_518136.shtml，2024 年 8 月 24 日。

烈士纪念设施23处，其中有3处为省级文物保护单位，是××市爱国主义教育基地、红色基因传承教育基地。长期以来，7处对外开放的文物保护单位、22处英雄烈士纪念设施均未设置无障碍设施，无法满足残疾人自主参观需求，损害了社会公共利益。2021年3月，××县人民检察院（以下简称县检察院）收到群众反映，县域内个别文物保护单位无障碍设施缺失，造成残疾人不方便参观的问题，经核实后决定立案办理。通过查询资料和实地调查，确定了全县文物保护单位、英雄烈士纪念设施的基本情况、数量和地点，并了解无障碍设施建设情况。县检察院认为，根据英烈保护、无障碍环境建设等领域的相关法律法规，相关职能部门未依法履行职责。2021年4月1日，县检察院分别向县文体广电和旅游局、退役军人事务局（以下简称"两单位"）发出诉前检察建议，督促两单位积极依法履行法定职责，全面排查全县文物保护单位、英雄烈士纪念设施等无障碍设施情况，制定具体建设改造方案并有序推进，切实保障特定群体平等接受革命传统教育、爱国主义教育。两单位收到检察建议后，成立了专项工作领导小组，并及时制定相应整改方案。4月10日，为论证相关职能部门整改方案的可行性，县检察院组织召开无障碍设施行政公益诉讼案件公开听证会，邀请人大代表、律师、人民监督员担任听证员，邀请县人大、县委政法委有关负责人以及社会各界群众代表现场观摩，并在听证会后组织座谈交流。4月16日，县检察院向县委报告该案办理情况，建立多部门联动协作机制，进一步增强推进无障碍设施的合力建设。4月27日，县检察院联合县文旅局等四部门会签《关于加强文物保护单位(革命文物点)、英雄烈士纪念设施无障碍设施建设实施意见》,进一步细化分解任务,确保建设改造工作高效完成。在本案中,由检察院向责任单位发送诉前检察建议,推动了当地的无障碍环境建设。

第十一章

国际视野下的无障碍环境建设

98. 《残疾人权利公约》对无障碍有哪些规定?

残疾人状况是人类文明发展的重要指标,无障碍是残疾人实现自主生活、充分平等参与社会的重要前提条件。《残疾人权利公约》是联合国通过的第一部旨在保障身心障碍者人权的国际公约。《残疾人权利公约》第三条明确了无障碍是其一般原则,第九条规定了无障碍是残疾人的具体权利,要求缔约国采取适当措施保障残疾人的相关权利。残疾人权利委员会2014年发布的《关于无障碍的第2号一般性意见》对无障碍有更加详细的说明,读者可进一步查阅、学习。

● 国际公约

《残疾人权利公约》第九条规定:

一、为了使残疾人能够独立生活和充分参与生活的各个方面,缔约国应当采取适当措施,确保残疾人在与其他人平等的基础上,无障碍地进出物质环境,使用交通工具,利用信息和通信,包括信息和通信技术和系统,以及享用在城市和农村地区向公众开放或提供的其他设施和服务。这些措施应当包括查明和消除阻碍实现无障碍环境的因素,并除其他外,应当适用于:

（一）建筑、道路、交通和其他室内外设施，包括学校、住房、医疗设施和工作场所；

（二）信息、通信和其他服务，包括电子服务和应急服务。

二、缔约国还应当采取适当措施，以便：

（一）拟订和公布无障碍使用向公众开放或提供的设施和服务的最低标准和导则，并监测其实施情况；

（二）确保向公众开放或为公众提供设施和服务的私营实体在各个方面考虑为残疾人创造无障碍环境；

（三）就残疾人面临的无障碍问题向各有关方面提供培训；

（四）在向公众开放的建筑和其他设施中提供盲文标志及易读易懂的标志；

（五）提供各种形式的现场协助和中介，包括提供向导、朗读员和专业手语译员，以利向公众开放的建筑和其他设施的无障碍；

（六）促进向残疾人提供其他适当形式的协助和支助，以确保残疾人获得信息；

（七）促使残疾人有机会使用新的信息和通信技术和系统，包括因特网；

（八）促进在早期阶段设计、开发、生产、推行无障碍信息和通信技术和系统，以便能以最低成本使这些技术和系统无障碍。

99. 国际上关于无障碍环境建设有哪些有益经验？

一是利用科技手段促进信息无障碍发展，如美国运用新型无障碍行人导航技术为视力障碍者提供帮助，新加坡开发了帮助乘客出行的 APP，为有特殊需求的人提供帮助。二是重视无障碍社会服务水平的提升，如美国国家公园重视培养员工无障碍服务管理能力，采用培训进修和投诉监督相结合的方式，为残疾人提供优质的友好而专业的公园无障碍服务。[1] 三是培养社会领域的无障碍意识。日本注重"心灵无障碍"的培育，要求市町村实施"心灵无障碍"教育启蒙传播计划，包括制定"心灵无障碍笔记"、修改面向师生的课程、举办活动等。新加坡也在《2030 年赋能总体规划》中提出培养一种亲切和关怀的通勤文化，以更好地帮助残疾通勤者乘坐公共交通工具。四是建设无障碍社区。澳大利亚要求各级政府、商业及非政府组织充分认识、理解通用设计理念，并将该理念结合到改善社区物理环境的措施中，新建满足无障碍要求且经济适用的住房，以创建包容且无障碍的社区。

---

[1] 参见高云、张玉钧：《美国国家公园无障碍游憩发展经验及启示》，载《世界林业研究》2023 年第 3 期，第 90-95 页。

100. 残疾人权利委员会对中国提交的履约报告中关于无障碍部分有哪些重要的建议？

残疾人权利委员会在 2022 年 8 月 17 日到 19 日举行的第 587 次、第 589 次和第 591 次会议上审议了中国，包括中国香港地区和中国澳门地区的第二和第三次合并定期报告。在审议报告中，残疾人权利委员会针对中国的履约状况提出了相关建议。

针对《无障碍环境建设法》的出台，委员会提出，建议在法律通过之前寻求与有各种障碍的人士及其代表组织协商，以便制定具有法律约束力的包容性无障碍标准；确保该法按照《残疾人权利公约》要求纳入通用设计原则并以之为基础；争取请残疾人组织参与根据《无障碍环境建设条例》（2012 年）评估全国道路、公共建筑、公共交通设施、居住建筑和居住区的无障碍状况的工作。

在关于表达意见的自由和获得信息的机会部分，委员会建议中国遵循《网页内容无障碍指南》 2.1 版本，采取适当措施："（a）在宪法层面承认中文手语，在生活的各个领域促进获得手语协助和使用手语（中文手语和自然手语）；确保提供合格的手语翻译；并确保与聋人社区密切协商并进行接触，特别是在学校和大学[①]；（b）分配充足资金，用于开发、推行和使用无障碍沟通方式，例如盲文、聋盲口译、手语、易读、浅

[①] 此处英文版表述为"especially in schools and universities"，中文为直译，可意译为"学校"。

白语言、音频描述、视频转录、字幕以及触觉、辅助和替代通信手段。"

针对健康问题,委员会建议:"(a)确保缔约国全国的残疾人可无障碍地获得卫生机构、服务和设备,应特别重视残疾妇女和女童的性健康和生殖健康;在卫生系统中,确保所有残疾人在全科处理中都能获得无障碍的信息和沟通;(b)将基于人权的残疾方针纳入所有卫生专业人员的培训课程。"

针对强制医疗程序,"委员会关切地注意到,监狱、寄宿式护理设施和精神病院存在使用强制医疗程序和治疗、化学、物理和机械拘束、隔离和禁闭的情况。委员会还感到关切的是,多份报告称,照料机构中存在对残疾人使用强制措施的情况,特别是给智力和/或社会心理残疾者戴镣铐。"委员会建议:"(a)执行2012年《精神卫生法》的规定,禁止在未经残疾人知情同意的情况下实施医学实验,进一步防止寄宿式机构和精神病院中对残疾人实施任何形式的酷刑或残忍、不人道或有辱人格的待遇或处罚的情况,并确保受害者能够诉诸司法和获得赔偿,包括设置一个无障碍的投诉程序;(b)在法律中和实践中明令禁止在一切环境中使用体罚。"

针对儿童的特殊保护,委员会回顾与儿童权利委员会关于残疾儿童权利的联合声明,建议:"(a)落实《国家人口发展规划(2016—2030年)》,将加大对残疾人家庭的支持力度作为优先事项,以强化学习障碍儿童家庭教育支持服务,为残疾儿童开展常态化的、专业化的家庭支持服务以及所需的转介服务,同时强化父母对儿童的监护主体责任;(b)确保在缔约国全国为有残疾成员的家庭提供的居家服务和以社区为基础的服务可用且无障碍；（c）向残疾父母提供具体支持服务，禁止以儿童或父母一方或双方残疾为由将儿童与父母分开，并确保仅在大家庭或替代家庭中提供替代照料，而不是实施机构安置。"

101.《无障碍环境建设法》颁布的国际意义是什么？

无障碍是国际人权的重要内容，也是一国文明程度的重要标志。在国际视野下，《无障碍环境建设法》对国际社会无障碍环境建设及《残疾人权利公约》有了更好的呼应，对残疾人权利委员会的一些建议作出了积极回应，其中一些制度创新也为国际社会作出了贡献。在具体的制度设计上，中国立法积极吸收国际经验：在受益主体上，扩宽无障碍环境的受益范围，以残疾人、老年人为主的全部社会主体均可享受无障碍带来的便利；在治理主体上，主张政府、社会组织、个人的多元共治局面；在标准规范上，强化无障碍标准规范，切实保障无障碍环境建设落实；在提供方式上，规定在无法达到无障碍标准时，采取有效替代性措施。此外，中国立法也对国际无障碍环境建设作出了重要贡献：在建设范围上，将立法重点转向信息、服务无障碍，且专章规定服务无障碍；在救济制度上，设置无障碍环境检察公益诉讼，为其他国家提供有益的权利保障经验。

参考文献

书籍：

[1] 张勇,程凯.无障碍环境建设法释义[M].北京:中国法制出版社,2023.

[2] 中国残疾人联合会.《无障碍环境建设法》专家解读文集[M].北京:华夏出版社,2023.

[3] 无障碍环境建设法学习宣传本[M].北京:中国法制出版社,2023.

[4] 无障碍环境建设法适用指引[M].北京:中国法制出版社,2023.

[5] 张文波.医疗纠纷101问[M].武汉:华中科技大学出版社,2021.

[6] 解岩.中国残障观察报告2018[M].北京:社会科学文献出版社.2020.

[7] 张万洪.残障权利研究(第十辑)[M].武汉:武汉大学出版社,2022.

论文、报纸：

[1] 黎建飞.无障碍法治的渊源、位阶与前瞻[J].残疾人研究,2023,(03):19-29.

[2] 邱景辉.无障碍环境建设法检察公益诉讼条款的理解与适用[J].人民检察,2023,(17):32-36.

[3] 何赞国.依法能动履职促无障碍环境建设行稳致远[N].检察日报,2023-09-28.

[4] 邵磊,刘芷睿.《无障碍环境建设法》实施背景下城乡规划与建筑设计的响应策略[J].残疾人研究,2023,(03):30-37.

[5] 唐亚南.试析残障人无障碍权益的法律保障[J].法律适用,2023,(08):83-90.

[6] 王阳,孙计领,陈功.无障碍的概念和相关问题研究[J].人口与发展,2023,29(04):138-149+74.

[7] 李静.无障碍视角下的残障人司法保护研究[J].残疾人研究,2023,(02):15-24.

[8] 李静.论残障人信息无障碍权：数字时代下的理论重构[J].中外法学,2023,35(03):823-839.

[9] 高云,张玉钧.美国国家公园无障碍游憩发展经验及启示[J].世界林业研究,2023,36(03):90-95.

[10] 马洮宁.残疾人就业障碍及促进残疾人就业的路径选择——残障社会模式的视角[J].济南大学学报(社会科学版),2022,32(05):131-138.

[11] 李舒涵.无障碍出版的国际政策法规实践与技术经验[J].出版发行研究,2022,(08):86-90.

[12] 黎建飞.推进我国无障碍环境建设立法的进程[J].残疾人研究,2022,(S1):9-11.

[13] 吕洪良.浅析无障碍环境建设地方立法的动因与思路[J].残疾人研究,2022,(S1):15-18.

[14] 吴振东,汪洋,叶静漪.社会融合视角下我国无障碍环境建设立法构建[J].残疾人研究,2022,(S1):21-28.

[15] 丁鹏.大型城市治理中的无障碍环境建设研究[J].残疾人研究,2022,(S1):29-35.

[16] 丁鹏.残障人平等获得司法保护的制度创新[J].反歧视评论,2023,(01):105-122.

[17] 张万洪,丁鹏.从残废到残障:新时代中国残障事业话语的转变[J].人权,2018,(03):92-98.

[18] 薛峰.我国无障碍环境建设与发达国家的对比研究与建议[J].残疾人研究,2022,(S1):36-41.

[19] 马卉.无障碍环境建设立法中应注意的几个问题[J].残疾人研究,2022,(S1):13-15.

[20] 杨立雄.残疾人体育参与的社会性障碍——基于社会-文化视角[J].上海体育学院学报,2022,46(03):1-11.

[21] 李琛.基于人权模式残障观的《马拉喀什条约》解读[J].人权,2022,(04):1-13.

[22] 李勇.女性主义残障正义观研究[D].重庆:西南政法大学,2022.

[23] 赵树坤.司法实践中手语翻译服务问题探析[N].人民法院报,2021-12-21.

法律和国际条约：

[1] 《中华人民共和国无障碍环境建设法》

[2] 《中华人民共和国残疾人保障法》

[3] 《中华人民共和国老年人权益保障法》(2018 修正)

[4] 《中华人民共和国妇女权益保障法》(2022 修订)

[5] 《中华人民共和国民法典》

[6] 《中华人民共和国刑法》(2023 修正)

[7] 《中华人民共和国刑事诉讼法》(2018 修正)

[8] 《中华人民共和国民事诉讼法》(2023 修正)

[9] 《中华人民共和国法律援助法》

[10] 《中华人民共和国道路交通安全法》(2021 修正)

[11] 《中华人民共和国治安管理处罚法》(2012 修正)

[12] 《中华人民共和国消费者权益保护法》(2013 修正)

[13] 《中华人民共和国著作权法》(2020 修正)

[14] 《中华人民共和国产品质量法》(2018 修正)

[15] 《中华人民共和国无障碍环境建设条例》

[16] 《中华人民共和国残疾人教育条例》(2017 修订)

[17] 《中华人民共和国残疾人就业条例》

[18] 《北京市无障碍环境建设条例》

[19] 《上海市无障碍环境建设与管理办法》

[20]《重庆市无障碍环境建设与管理规定》

[21]《湖北省无障碍环境建设管理办法》

[22]《贵州省残疾人保障条例》

[23]《浙江省实施〈无障碍环境建设条例〉办法》

[24]《四川省无障碍环境建设管理办法》

[25]《江苏省残疾人保障条例》(2021修正)

[26]《江西省残疾人保障条例》(2022修正)

[27]《深圳经济特区无障碍城市建设条例》

[28]《珠海经济特区无障碍城市建设条例》

[29]《茂名市城市市容和环境卫生管理条例》(2022修正)

[30]《张家界市景区无障碍环境建设规定》

[31]《机动车驾驶证申领和使用规定》(2021年修订)

[32]《巡游出租汽车经营服务管理规定》(2021修正)

[33]《关于加快推进第三卫生间(家庭卫生间)建设的通知》(旅办发〔2016〕314号)

[34]《关于切实解决老年人运用智能技术困难的实施方案》(国办发〔2020〕45号)

[35]《以无障碍方式向阅读障碍者提供作品暂行规定》(国版发〔2022〕1号)

[36]《中共中央、国务院关于加强新时代老龄工作的意见》(2021年)

[37]《残疾人权利公约》

[38]《第2号一般性意见(2014)》(CRPD/C/GC/2)

[39]《关于为盲人、视力障碍者或其他印刷品阅读障碍者获得已出版作品提供便利的马拉喀什条约》

相关标准:

[1]《建筑与市政工程无障碍通用规范》(GB 55019—2021)

[2]《公共信息图形符号 第9部分:无障碍设施符号》(GB/T 10001.9—2021)

[3]《道路交通标志和标线 第3部分:道路交通标线》(GB 5768.3—2009)

[4]《图书馆视障人士服务规范》(GB/T 36719—2018)

[5]《公共图书馆读写障碍人士服务规范》(GB/T 39658—2020)

[6]《公共图书馆听障人士服务规范》(GB/T 40952—2021)

[7]《公共图书馆老年读者服务规范》(DB34/T 4154—2022)

[8]《全球可持续旅游委员会目的地标准》

[9]《城市公共停车场工程项目建设标准》(建标 128—2010)

[10]《住房城乡建设部等部门关于加强村镇无障碍环境建设的指导意见》(建标〔2015〕25号)

[11]《城市公共厕所设计标准》(CJJ 14—2016)